W0228411

Die
Märchen
von
Hans Christian
ANDERSEN

Herausgegeben von
Noel Daniel

Artdirection von
Andy Disl *und* Noel Daniel

TASCHEN

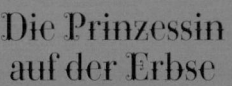

Hans Christian Andersen

Herz und Seele des modernen Märchens

von Noel Daniel

n einem seiner berühmtesten Märchen, der Geschichte „Das hässliche, junge Entlein", brachte Hans Christian Andersen seinen eigenen Lebenslauf auf den Punkt: „Es schadet nichts, in einem Entenhofe geboren zu sein, wenn man nur in einem Schwanenei gelegen hat." Andersen, 1805 in Armut geboren, war ein wenig ansehnlicher Sonderling, der vor Ehrgeiz brannte und alles daransetzte, mittels seiner künstlerischen Talente seinen Unterschichtwurzeln zu entkommen. Am Ende seiner Tage war er ein gefeierter Mann, der mit Königen verkehrte. Heute gilt er als der bekannteste skandinavische Schriftsteller überhaupt. Doch die Geschichte seines märchenhaften Aufstiegs war gezeichnet von einer Kindheit, in der er verkannt und misshandelt wurde, von tiefem Seelenschmerz und Herzenskummer, und darin lag die Antriebsfeder seiner Ambitionen. Während diese Erfahrungen in ihm ein unstillbares Bedürfnis nach Anerkennung weckten, gingen aus seinem glänzenden Talent als Geschichtenerzähler und seinem Gespür für Alltagssprache Märchen einer völlig neuen Art hervor, mit denen er seit seiner ersten Veröffentlichung im Jahr 1835 Millionen von Lesern für sich gewann.

Die Spinnstube als Schule des Zuhörens

In der Irrenanstalt von Andersens Heimatstadt Odense spannen die alten Frauen, während sie ihre Garne herstellten, zu ihrer eigenen Unterhaltung

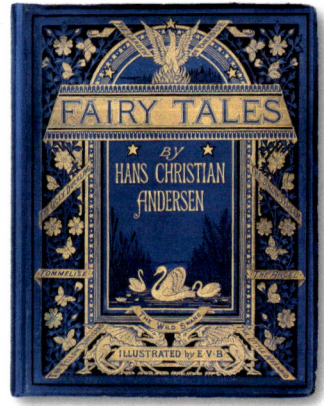

Geschichten. Während Andersens Großmutter väterlicherseits dort den Garten bestellte, zog es den kleinen Hans Christian zur Spinnstube hin – dem geselligen Mittelpunkt der Anstalt und traditionellen Hort des Geschichtenerzählens. Hier lauschte er vielerlei Volks- und Bauernmärchen in mündlicher Überlieferung, die – typisch für die skandinavische Folklore – von übernatürlichen Wesen wie Kobolden, Trollen, Hexen und Wassergeistern bevölkert waren. „Eine Welt so reich wie jene in *Tausendundeiner Nacht* tat sich vor mir auf", schrieb Andersen später in einer seiner Autobiografien. „Die Geschichten, die diese alten Frauen erzählten, und die geisteskranken Gestalten, die ich um mich herum im Irrenhaus sah, wirkten mit der Zeit so stark auf mich, dass ich nach Einbruch der Dunkelheit kaum mehr aus dem Haus zu gehen wagte."

Diese ungeordnete, spontane Form der mündlichen Überlieferung in ihrer Kraft und Lebendigkeit wurde zum Heiligen Gral einer wachsenden Zahl europäischer Gelehrter und Schriftsteller der Romantik. Akademiker wie die Brüder Grimm in Deutschland waren bestrebt, genau diese umgangssprachliche, ungeschliffene Kunstform in Sammlungen zu erhalten. Als 1812 der erste Band Grimm'scher Märchen erschien, war Andersen sieben Jahre alt. Später, als junger Autor, sollte er diese Märchen lesen, und wesentlich später, als er bereits einen Namen hatte, besuchte er die beiden Brüder.

SEITE 2 UND GANZ LINKS *Die „Däumelinchen"-Illustration der englischen Künstlerin Eleanor Vere Boyle auf Seite 2 entstammt dem ganz links gezeigten Band, der 1872 als eines der ersten Andersen-Märchenbücher in Farbe erschien. In Andersens Kindheit gab es solche Bilderbücher noch nicht.*

SEITE 4 *Andersens 1843 erschienenes Märchen „Die Nachtigall" über einen Singvogel, der einem Kunstvogel weichen muss, gilt als eines seiner Meisterwerke. Kay Nielsens Illustration aus dem Jahr 1924 fängt die exotische Anmutung dieser Erzählung ein. In jungen Jahren war Andersen*

wegen seiner Stimme „die Nachtigall von Fünen" genannt worden, und später verliebte er sich in die Opernsängerin Jenny Lind, bekannt als „die schwedische Nachtigall", doch seine Gefühle blieben unerwidert.

LINKS *Die 1920er-Jahre waren eine goldene Ära für die europäische Kinderbuchbranche, zu deren bedeutendsten Illustratoren der Däne Kay Nielsen zählte. Aus seinem 1924 erschienenen Buch zu Andersens Märchen, links abgebildet, stammt das zarte, einprägsame Bild eines zu Eis erstarrten Herzens auf Seite 6 für „Die Schneekönigin".*

Von der Welt des Aberglaubens zur Fantasie in Flammen

Anders als verbreitet angenommen, reisten die Brüder Grimm nicht übers Land, um mündliche Erzählungen zu sammeln, sondern stützten sich stark auf einige wenige gesicherte Quellen mündlicher wie schriftlicher Art. Andersen dagegen hatte den direkten Zugang: Er wuchs im tiefsten Herzen einer abergläubischen Gesellschaft auf, in der mündliches Geschichtenerzählen sowohl der Unterhaltung diente als auch Lektionen fürs Leben lieferte. In Andersens Jugend glich Odense, damals mit 8000 Einwohnern zweitgrößte Stadt Dänemarks, eher einer mittelalterlichen Kleinstadt als einem großstädtischen Knotenpunkt wie Kopenhagen.

Die jahrhundertealten skandinavischen Sagen waren Teil einer mündlichen Erzählkultur, die Andersens Kindheit bunt färbte, doch die Bauernmärchen, die er hörte, gerieten im Zuge der Industrialisierung und des veränderten Sozialverhaltens der Unterschicht schließlich fast völlig in Vergessenheit. Die Märchenforscher Iona und Peter Opie stellen fest, dass „Andersen tatsächlich der erste Märchenautor war, der – anders als die Brüder Grimm mit ihrem beruflichen Hintergrund – der einfachen Bevölkerung entstammte, für die das Geschichtenerzählen noch lebendige Tradition war. Abgesehen von seinem Vater bezogen sämtliche Menschen, die ihn in seiner Kindheit umgaben, ihr Wissen aus mündlichen Quellen, nicht aus Büchern." Seine Mutter, die ihren Sohn allen Schilderungen nach sehr liebte, war eine zutiefst abergläubische Frau, die Wahrsager aufsuchte und

Dieses Buch zu Andersens längstem Märchen, „Die Schneekönigin", mit wunderschönem Vor- und Nachsatzpapier und Illustrationen im Art-déco-Stil von Katharine Beverley und Elizabeth Ellender (siehe Seite 102–149) erschien 1929 als grandioses Beispiel für das Bemühen, mithilfe des Duoton-Druckverfahrens Schönheit unter Sparvorgaben zu produzieren, was der Grundidee des Art déco entsprach, hochwertige Gebrauchskunst für den Alltag zu schaffen.

Erscheinungen aller Art auf Geister und Kobolde zurückführte. Für diejenigen in Andersens unmittelbarem Umkreis, die zum Aberglauben neigten, hatten leblose Objekte buchstäblich ihren eigenen Kopf. Andersens Meisterschaft im Vermenschlichen von Gegenständen wurde zu einem Gütezeichen seines Werks.

Andersens Mutter, die weder lesen noch schreiben konnte, war Wäscherin und verfiel in späteren Jahren der Trunksucht. Sein Vater, ein Schuhmacher, der sich gegen alle Widrigkeiten eine rudimentäre Ausbildung erkämpft hatte, liebte die Literatur und besaß einen Schrank voller Bücher, was für die damalige Zeit bemerkenswert war. Bis er starb, als sein Sohn elf Jahre alt war, las er ihm regelmäßig Stücke und Geschichten vor, auch aus *Tausendundeiner Nacht* und der Bibel. Dank dieser frühen und liebevollen Heranführung ans gedruckte Wort entwickelte Andersen einen unersättlichen, lebenslang anhaltenden Lesehunger. In seinem Tagebuch schrieb er: „Seit ich mich erinnern kann, war Lesen mein einziger und liebster Zeitvertreib … Ich spielte nie mit anderen Buben, ich war immer allein."

Lesen passte zu Andersens Naturell wie das Tüpfelchen aufs i. Doch Andersen war auch ein ausgezeichneter Zuhörer – in der Spinnstube der Irrenanstalt, bei den Märchenstunden seines Vaters, bei den Schauspielern am Theater, für das er schwärmte. Er lauschte den Figuren und Stimmen um sich herum mit größter Aufmerksamkeit, und das schulte sein Gehör. Er entwickelte ein inneres Ohr für die Klänge ganzer Fantasiewelten, etwa den hochmütigen Tonfall der verblendeten Nähnadel in „Die Stopfnadel"

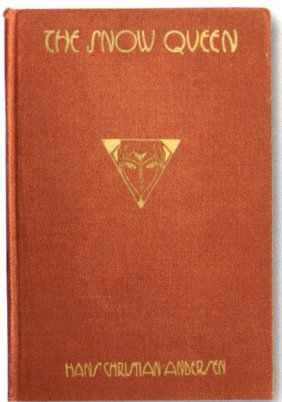

oder den witzigen inneren Monolog des von Selbstzweifeln geplagten Kaisers in „Des Kaisers neue Kleider" oder die Silberglöckchen an den Blumen im Schlossgarten, „welche klangen, damit man nicht vorbeigehen möchte, ohne die Blumen zu bemerken", in „Die Nachtigall". Kein Mensch und kein Ding in der realen Welt entging als mögliche Märchenfigur Andersens Aufmerksamkeit.

„Ich werde berühmt werden"

„Ich werde berühmt werden", schrieb Andersen in sein Tagebuch und machte damit deutlich, dass sein berufliches Streben nach Größe nichts mit der feinen Selbstliebe der Vornehmen und Gebildeten gemein hatte. Sein Streben nach Größe gründete in den tiefsten Tiefen seiner gequälten Seele. Schon früh fiel Andersens Gönnern ein starkes Selbstbewusstsein an ihm auf. Er hatte den Drang und Mut, vor Publikum aufzutreten, einen wunderbaren Knabensopran (vor dem Stimmbruch), ein Talent zum Geschichtenerzählen und, zu alledem, ein strapaziöses Ego.

Andersen suchte zeit seines Lebens Anerkennung. Wie wir aus der Geschichtsforschung wissen, verraten seine Briefe, dass ihn im Innersten Einsamkeit und ein Gefühl der Unzulänglichkeit quälten. Er heiratete nie und erlebte in der Liebe mehrfach Zurückweisung, was ihn zutiefst verwundete. Er, der Romantiker mit tiefgründigem Sinn für Pathos und ewige Junggeselle, der die Wärme und Geborgenheit des Familienlebens seiner

Eine weitere wohlbekannte Andersen-Geschichte
um die Frage nach der wahren Herkunft erzählt
„Die Prinzessin auf der Erbse", zu der Kay Nielsen
1925 diese bezaubernde Illustration schuf.

engen Freunde genoss, litt unter einem Leben, in dem ihm jedwede Erwiderung seiner Liebe versagt blieb. So etwa von der berühmten schwedischen Sängerin Jenny Lind, der „schwedischen Nachtigall", die Andersen zu dem Märchen „Die Nachtigall" inspirierte. Er selbst war als Knabe „die Nachtigall von Fünen" genannt worden, nach der Insel, auf der Odense liegt. In Armut geboren und durch ihr künstlerisches Talent zu Ruhm gelangt, hatten Lind und Andersen vieles gemeinsam. Doch die große Leidenschaft des Schriftstellers für die Sängerin blieb unerwidert.

Sozialer Aufstieg dank Dichtkunst

Während das mündliche Geschichtenerzählen zur Entwicklung seiner Weltsicht und literarischen Stimme beitrug, öffnete die Demokratisierung der dänischen Gesellschaft ihm Türen, die einem Mann seiner Herkunft in der Vergangenheit verschlossen geblieben wären. Andersens Genie lag zum Teil in der Fähigkeit, bereits als Jugendlicher, der im ärmlichsten Teil von Odense aufwuchs, zu erkennen, dass die bessere Gesellschaft durchaus flexibel war und er es weit in ihr bringen konnte, wenn es ihm gelänge, sie zu „knacken". Gewappnet mit ehernem Ehrgeiz, funkensprühender Fantasie und völlig frei von Lampenfieber versuchte er zunächst, sich in die Reihen des Kopenhagener Theaterensembles vorzukämpfen. Daneben kultivierte er aber auch, was nötig war, um weiter voranzukommen: „Andersen erkannte schnell, dass die Dichtkunst ihrem gesellschaftlichen Stellenwert

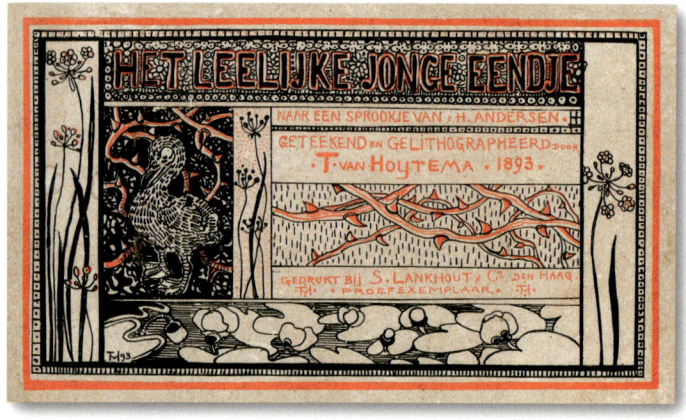

nach eine Trumpfkarte war", schreibt die Biografin Jackie Wullschlager, und weiter: „Zur damaligen Zeit standen Kunst und Literatur im Brennpunkt des nationalen Geisteslebens, da politisches Leben kaum stattfinden durfte." Während der absoluten Monarchie, die bis 1848 in Dänemark herrschte, „sog das Künstlertum ... alle Energie auf, die in anderen Ländern in die Politik floss, und das Ergebnis war ein goldenes Zeitalter der Kultur, eine in der Geschichte Dänemarks beispiellose Blüte der Malerei, Musik, Literatur und Philosophie".

Königliche Protektion, für die es guter Kinderstube und Beziehungen bedurfte, lag völlig außerhalb Andersens Reichweite, und sein Weg zum Erfolg war von Ausgrenzung und wiederholter Zurückweisung gezeichnet. Doch erstaunlicherweise blieb er unbeirrt. Schließlich fiel er dem Direktor des Königlichen Theaters, Jonas Collin, auf, der dem Jugendlichen zu einem königlichen Stipendium verhalf. Was folgte, waren fünf leidvolle Schuljahre, die der 17-jährige Andersen unter Elfjährigen zu verbringen hatte, auf Insistieren seiner Förderer hin. Diese hatten gefordert, dass er entweder eine ordentliche Ausbildung machte, ehe er als Schriftsteller weiter voranschritte, oder nach Hause ginge und ein Handwerk lernte. Letzteres war das Los seines Vaters gewesen und für Andersen absolut indiskutabel. Doch eingestreut in diese Erfahrungen war eine gerade ausreichende Dosis an positiver Verstärkung, und dank Collins maßgeblicher Hilfe erhielt Andersen fortan eine finanzielle Unterstützung, die ihm die Zeit und Kraft zum Schreiben gab. Collin und dessen Sohn sollten auch

Diese Umschlagvignette wie auch die Illustrationen auf den Seiten 152–169 aus der Hand von Theo van Hoytema, einem berühmten niederländischen Illustrator mit Vorliebe für den Jugendstil, sind dem 1893 erschienenen Buch Het Leelijke Jonge Eendje *(Das hässliche, junge Entlein) entnommen.*

Aus dieser Geschichte über wahre Herkunft und Diskriminierung, die verbreitet als autobiografisch angesehen wird, stammt einer der berühmtesten Andersen-Sätze: „Es schadet nichts, in einem Entenhofe geboren zu sein, wenn man nur in einem Schwanenei gelegen hat!"

in Andersens weiterem Leben wichtige Figuren bleiben und für ihn als Erwachsenen einer Familie am nächsten kommen.

Armer Bauer im Königsmantel

Andersen schwankte zeitlebens zwischen Selbstsicherheit auf der einen und Minderwertigkeitsgefühlen und seelischer Verletzlichkeit auf der anderen Seite hin und her. Nie gelang es ihm, sich den gekrönten Häuptern, Berühmtheiten und Würdenträgern ebenbürtig zu fühlen, mit denen er verkehrte, als sein Ruhm sich mehrte. So schrieb er in seinem Tagebuch: „Ich hatte und habe noch immer das Gefühl, als wäre ich ein armer Bauernbursche, über den ein Königsmantel geworfen wird." Doch scheint er auch viel Kraft aus seinem märchenhaften Aufstieg geschöpft zu haben, den er vor anderen gerne in höchsten Tönen pries. Ihm waren die Härten und Widrigkeiten, die sein Leben prägten, wertvoll. Das Märchen als literarische Gattung muss ihm instinktiv behagt haben, allein wegen seiner vielen jahrhundertealten Geschichten über sozialen Aufstieg und wahre Identität, in denen ein Dummkopf sich unter Prüfungen und Widrigkeiten als echter König erweist, wenn nicht von Geblüt, so doch dem Wesen nach. Andersen verewigte dieses Motiv in vielen Erzählungen – von „Das hässliche, junge Entlein" über „Die Prinzessin auf der Erbse" bis „Däumelinchen".

Andersen blieb in seinem künstlerischen Schaffen zeitlebens von der eigenen Kindheit inspiriert. Die moderne Verhaltensforschung würde seine

Kindheit als erfüllt von (wenn auch einsamen) Simulations-, Imitations- und Rollenspielen bezeichnen, die die Vorstellungskraft und Führungskompetenz eines Kindes stärken. Andersen war damit jeden Tag beschäftigt; seinem Puppentheater und den Puppenkostümen zuliebe verzichtete er auf die Gesellschaft Gleichaltriger, betreute kreative Projekte von der Idee bis zur Umsetzung, fand für verschiedene Figuren verschiedene Stimmen, ging seinen persönlichen Interessen und seinem Gespür fürs Geschichtenerzählen nach.

Süßer als Schokolade und Sahne

Andersen schrieb seine Märchen für Kinder und Erwachsene gleichermaßen. Doch seine innere Stimme richtete sich an einen Empfänger, den die Wissenschaft als „das zuhörende Kind" bezeichnet. Es war Andersens Gabe, für die Bilder und Klänge der Welt offen wie ein Kind zu bleiben, die es ihm erlaubte, auf eine für Kinder so eindringliche Weise zu schreiben. In der Kinderliteratur, die bis dahin vorwiegend mit Moralgeschichten aufgewartet hatte, stellte das eine radikale Neuerung dar.

In einem 1928 erschienenen Andersen-Märchenband mit Illustrationen des fabelhaften japanischen Künstlers Takeo Takei nennt der japanische Herausgeber Andersens Erzählungen „süßer als Schokolade und Sahne". Heutige Leser können vermutlich nur schwer ermessen, wie sehr sich Andersens Märchen von denen seiner Vorläufer unterschieden. Sie waren wunderbar komponiert, mal traurig und voller Pathos, mal von beißendem

Der berühmte japanische Illustrator Takeo Takei gestaltete 1928 dieses Titelbild für einen Band mit Andersen-Märchen; es zeigt den „Standhaften Zinnsoldaten", dessen Liebe zu einer Papierballerina im gleichnamigen Märchen verewigt ist. Andersens Gabe, Gegenständen eine Stimme zu verleihen, machte seine Geschichten unverwechselbar. Takeis japanischer Verleger nannte seine

Märchen „süßer als Schokolade und Sahne". Sie sprachen die Gefühle von Kindern direkt an und waren wie Naschwerk nach Jahrhunderten schwer verdaulicher Didaktikkost und fader Moralpredigten in der Kinderliteratur. Das Vermächtnis, das aus ihnen hervorging, sind die uns heute so vertrauten Erzählungen aus der Kinderperspektive, die in Fantasiewelten spielen.

Witz. Sie boten reinstes Lesevergnügen und sprachen die Gefühle der Kinder direkt an, nicht von oben herab. Wie der japanische Verleger so treffend bemerkte, erschienen Andersens Märchen auf der Bildfläche wie Naschwerk nach Jahrhunderten schwer verdaulicher Didaktikkost und fader Moralpredigten in der Kinderliteratur (wenngleich Andersen darauf bedacht war, moralische Lehren und christliche Leitsätze einzustreuen, die seiner Leserschaft aus der Mittelschicht angemessen waren).

Kindergeschichten zum Vergnügen der Kinder

Andersen hatte Geschmack an einer Kunstform gefunden, die noch gar nicht existierte: Kindergeschichten zum Vergnügen der Kinder. Wullschlager nennt ihn den ersten großen Fantasy-Erzähler der Welt: „Er ließ Spielzeug und Tiere sprechen, ungekünstelt, frei von der Leber weg und witzig, mit denen Kinder sich auf Anhieb identifizieren konnten." Seine Märchen waren die Wegbereiter moderner Geschichten wie *Alice im Wunderland*, *Der Zauberer von Oz* oder *Toy Story*, die in einer Traumwelt spielen und aus der Kinderperspektive erzählt werden. Diese „neue" Perspektive ist auch zentral für zwei der jüngsten Genres unserer Zeit: Zeichentrick- und Animationsfilm.

Während die Brüder Grimm als Sprachgelehrte sich von der direkten Sprache und ausdrucksstarken Metaphorik anregen ließen, die den Volksmärchen Würze verliehen, schrieb Andersen aus dem Bauch heraus. Er bezeichnete

Vincent van Gogh, ein Zeitgenosse Andersens, war über die bildhaften Details in dessen Erzählungen so verblüfft, dass er in ihm einen bildenden Künstler vermutete. Tatsächlich war Andersen in der Kunst des Scherenschnitts versiert, die er als Kind erlernt hatte und oft bei gesellschaftlichen Anlässen zum Besten gab.

Rechts abgebildet zwei Beispiele von Hunderten aus seiner Hand: aus dem Jahr 1844 ein symmetrisches Ornament mit Schwänen und tanzenden Harlekinen, eines seiner Lieblingsmotive, sowie eine Baumvignette mit Harlekin und Tänzerin von ca. 1866.

sich selbst als unpolitisch und sagte in einer seiner Autobiografien: „Gott hat mir eine andere Mission aufgetragen: dass ich fühlen solle und immer weiter fühle." Er war Romantiker aus Veranlagung, nicht aus freien Stücken, und das machte ihm das Leben schwer. Im Verlauf seiner Entwicklung als Schriftsteller entdeckte er, dass die Poesie und Empfindsamkeit der deutschen Romantiker, die damals ihre Blütezeit erlebten, geradezu Balsam für seine in sich selbst hineinhorchende, grüblerische Seele waren.

Andersens Erzählungen waren zwar ebenso poetisch und gefühlsbetont wie die Werke der deutschen Romantik, aber auch äußerst modern insofern, als ihre Themen und ihr Stil im Alltagsleben der damaligen Zeit verankert waren, nicht in einer idealisierten Vergangenheit, wie sie für ältere „Es war einmal"-Märchen kennzeichnend war. Andersens Abkehr von dem, was sein Biograf Reginald Spink als „akademische Konventionen" bezeichnet, ähnelte dem Aufbruch von europäischen Avantgarde-Künstlern, die der seelenlosen Beschränkungen des akademischen Kunstbetriebs müde waren. Der Maler van Gogh, ein Zeitgenosse Andersens, war über die bildhaften Details in dessen Märchen dermaßen erstaunt, dass er erklärte, Andersen müsse ebenfalls bildender Künstler sein (tatsächlich widmete dieser sich mit Eifer und Geschick der Kunst des Scherenschnitts, die er oft bei gesellschaftlichen Anlässen vorführte). Andersens Stil war träumerisch und sinnlich zugleich, und die Welten, die er in seinen Märchen beschrieb, existierten in einem voll ausgebildeten Gefühlssystem, das einer eigenen Logik folgte.

Auf der Suche nach Unsterblichkeit

Obwohl er mit dänischen Volksmärchen aufgewachsen war, dachte sich Andersen eigene Geschichten aus, anstatt vorhandene zu sammeln, wie es die Brüder Grimm taten. 1835 erschien ein kleines Broschurheft mit seinen ersten vier Erzählungen. Dem dänischen Experten Bengt Holbek zufolge basieren nur sieben seiner über 200 Märchen auf Vorlagen. Als ein enger Freund ihm prophezeite, nachdem sein erster erfolgreicher Roman, *Der Improvisator*, ihn berühmt gemacht habe, würden diese Geschichten ihn unsterblich machen, „denn sie sind das Vollkommenste, was [du] je geschrieben hast", befand Andersen: „Ich selbst bin nicht dieser Ansicht." Er hatte seine Form gefunden, auch wenn er es selbst noch nicht wusste. Tatsächlich waren seine Märchen von einer Psychologie durchdrungen, die neu und frisch war, und trafen im vormodernen Europa regelrecht einen Nerv. In seiner Empfindsamkeit und Neigung zur Innenschau war Andersen auf die Anforderungen seines eigenen Lebens nur unzureichend eingestellt, doch er besaß die Gabe, große wie kleine Sehnsüchte in Worte zu fassen und in überweltliche Geschichten zu verwandeln. Der Einfluss, den seine Märchen auf die Kinderliteratur hatten, war so groß, dass der heute wichtigste Preis für Autoren und Illustratoren in dieser Sparte Hans-Christian-Andersen-Preis heißt und Andersens Geburtstag am 2. April zum Internationalen Tag des Kinderbuchs erkoren wurde.

Tom Seidmann-Freud, eine Nichte Sigmund Freuds, setzte neue Maßstäbe in der Kinderbuchgestaltung. Ihr 1921 erschienenes Buch Kleine Märchen *enthielt eine frühe Version ihrer Illustration für „Die Prinzessin auf der Erbse", abgebildet auf dem Umschlag dieses Buches und auf Seite 28/29.*

Das Einzimmerhäuschen, in dem Andersen aufwuchs, war erfüllt von Anregungen für Auge und Geist – vom Aberglauben seiner Mutter, den ausgiebigen Vorlesestunden des Vaters, den selbstgemachten Puppentheatern und Spielsachen, mit denen er seinen Sohn lockte, den Bildern und blühenden Zweigen, mit denen die Mutter das Heim schmückte, und Andersens eigenen Leseabenteuern. Kein Wunder, dass er oft in sein eigenes Gedankenreich entfloh. Die sichere Innenwelt seiner Fantasie sollte zum unerschöpflichen Quell seines kreativen Schaffens werden. Sein Verstand war darauf konditioniert, neue Anregungen augenblicklich aufzugreifen. Wullschlager zitiert Andersens eigene Beschreibung seiner Denkweise: „[Ideen] lagen in meinen Gedanken wie Samenkörner, und es bedurfte nur eines strömenden Flusses, eines Sonnenstrahls, eines Tropfens aus dem Becher der Bitternis, um sie aufspringen und erblühen zu lassen."

Eine Ahnung des Unbewussten zu Beginn der Moderne

Manche Forscher vermuten, dass Andersens Märchen im Grunde frühe Geschichten über das Unbewusste sind und somit Vorboten der künstlerischen Strömungen zu Beginn des 20. Jahrhunderts und später des Surrealismus waren. Wo moderne Künstler und Denker wie Freud das Unbewusste zu erfassen oder dessen kreatives Potenzial freizusetzen versuchten, war Andersens Ansatz, immer bereit zu sein, um auf die wilden Eingebungen seines eigenen Verstandes zu reagieren.

Die Wirrnisse seiner Kindheit und der steinige Weg, den er als gesell-
schaftlicher Außenseiter meistern musste, hätten ihn leicht für den Rest
seines Lebens verbittern und so weit entmutigen können, seine Träume
aufzugeben. Doch sein Antrieb – den Geschichtsforscher auch als Glaube
an seine ganz besondere Bestimmung beschreiben – ließ ihn auf alle Zeit
bereit bleiben. Während sich Andersens Stücke, Reiseberichte und Roma-
ne als künstlerisch eher uneinheitlich erwiesen haben, bleiben die Märchen
glänzende Beispiele seiner einzigartigen Vorstellungskraft und der Fantasiewelten, die er in seinem Kopf heraufbeschwor und meisterhaft lenkte.
Diese Welten waren ein sicherer Ort, an den er in schwierigen Zeiten zurückkehrte, und hier brachte er seine Gefühle mit der Wirklichkeit in Ein-
klang. Der Märchenkundler Jack Zipes schreibt: „Seine Märchen handelten
vom Leben, das er nicht führte, und drückten aus, was er öffentlich sagen
wollte, aber nicht wagte. Seine Erzählungen waren majestätische Akte der
Selbstbestätigung und Selbsttäuschung.“

Freud und Leid der Subjektivität

Andersen belebt ein einfaches Tintenfass, einen Zinnsoldaten, einen Vogel,
eine Erbse, einen Kreisel mit eigenen Trieben, Schwächen und Sehnsüch-
ten, mit Hochmut und Mut. Oft haben seine in ihren Leidenschaften wie
Gebrechlichkeiten menschenähnlichen Figuren eine leicht verquere Weltsicht, sind unfähig, ihr wahres Los oder ihre Lage zu erkennen, als wollte

„Die kleine Seejungfer" – Illustration
von Jennie Harbour, Großbritannien,
aus Hans Andersen's Stories, *1932.*

Andersen ein Schlaglicht auf die Schranken unserer eigenen menschlichen Subjektivität werfen. Möglicherweise ist, so gesehen, gerade dieses unausweichliche Befangensein in Subjektivität als Wesenskern menschlichen Erlebens das eigentliche Thema seiner Geschichten.

Doch gerade diese Subjektivität ist es auch, die Liebe ermöglicht, das tiefe Ergriffensein vom eigenen Erleben, überwältigt und sogar verzehrt zu werden von der Fürsorge für einen anderen Menschen – Gefühle, die für Andersen sowohl eine starke Antriebsfeder seiner Kunst als auch Quelle möglicher Enttäuschung und Verletzung sind. Die ungeheure Tiefe der Gefühle, deren er fähig war, die aber in seinem eigenen Leben keine Erwiderung fanden, zeigt sich in seinen Märchen. Zipes schreibt über Andersens Verhältnis zur eigenen Geschichte: „Andersen versuchte verzweifelt, seinem Leben die Form und den Inhalt eines Märchens zu geben, gerade weil er ein gequälter, einsamer und hochneurotischer Künstler war, der in literarischen Schöpfungen sein Unvermögen sublimierte, die eigenen Wünsche und Träume in der Wirklichkeit auszuleben. Sein literarischer Ruhm beruht auf diesem Unvermögen, denn was er für sich selbst nicht erreichen konnte, bescherte er Millionen Lesern, Jung und Alt, mit der Hoffnung, dass deren Leben sich anders gestalten würde als das seine." Sein Geschenk an uns waren Kindermärchen, die den Gefühlslandschaften, Schwächen und dunklen Winkeln der menschlichen Seele Raum gaben – einen Raum, zu dem er selbst mit Herz und Seele Zuflucht nahm.

DIE MÄRCHEN

Die Prinzessin auf der Erbse

Als eines seiner kürzesten zählt dieses Märchen auch zu Andersens berühmtesten – satirisch, komisch und respektlos, all das in wenigen Hundert Worten. Es handelt von einer Prinzessin, die ein Unwetter zum Schloss eines Prinzen verschlägt, der seit Langem auf Brautschau nach einer echten Prinzessin ist. Um ihr Zartgefühl und damit ihre königliche Abstammung auf die Probe zu stellen, legt man ihr eine Erbse ins Bett. Das amüsante Bild einer durch eine Erbse verursachten schlaflosen Nacht hat seinen Weg in unseren Alltagswortschatz gefunden, als Metapher für ein übermäßig empfindsames Wesen. Einige Historiker sind der Ansicht, dass Andersen sich in diesem Märchen über seine eigene Dünnhäutigkeit lustig macht – oder ihr ein Denkmal setzt. Andere vermuten, dass er damit den zimperlichen Hochadel auf die Schippe nimmt. Das Märchen erschien 1835 als eines seiner ersten. Anders als die meisten späteren Geschichten, die seiner eigenen Fantasie entsprangen, geht es auf eine mündliche Erzählung zurück, die er als Kind hörte. Einem Freund schrieb er über diese frühen Märchen: „Ich habe sie genau so aufgeschrieben, wie ich sie einem *Kind* erzählen würde." Anfangs ernteten diese Geschichten jedoch harsche Kritik und einige Empörung, vor allem ihrer gewöhnlichen Sprache wegen, die zur damaligen Zeit eine Ungeheuerlichkeit war – letztendlich aber Andersens Ruhm als Erneuerer des Genres begründete. – ND

Aquarellierte Tuschezeichnung von Tom Seidmann-Freud, Deutschland, 1921

Es war einmal ein Prinz, der wollte eine Prinzessin heiraten; aber es sollte eine wirkliche Prinzessin sein. Da reiste er in der ganzen Welt umher, um eine solche zu finden, aber überall stand dem etwas entgegen. Prinzessinnen gab es genug, aber ob es wirkliche Prinzessinnen waren, konnte er nicht herausbringen. Immer gab es etwas, was nicht in Ordnung war. Da kam er denn wieder nach Hause und war traurig, denn er wollte doch gar zu gern eine wirkliche Prinzessin haben.

Eines Abends zog ein schreckliches Gewitter auf; es blitzte und donnerte, der Regen strömte herunter, es war entsetzlich! Da klopfte es an das Stadttor, und der alte König ging hin, um aufzumachen.

Es war eine Prinzessin, die draußen vor dem Tore stand. Aber, o Gott! Wie sah die von dem Regen und dem bösen Wetter aus! Das Wasser lief ihr von dem Haare und den Kleidern herunter; es lief in die Schnäbel der Schuhe hinein und an den Hacken wieder heraus. Und doch sagte sie, dass sie eine wirkliche Prinzessin sei.

„Ja, das werden wir schon erfahren!", dachte die alte Königin. Aber sie sagte nichts, ging in die Schlafkammer hinein, nahm alle Betten ab und legte eine Erbse auf den Boden der Bettstelle, darauf nahm

Am Morgen wurde sie gefragt, wie sie geschlafen habe.
„O, schrecklich schlecht!", sagte die Prinzessin.
„Ich habe meine Augen fast die ganze Nacht nicht geschlossen!
Gott weiß, was da im Bette gewesen ist!"

sie zwanzig Matratzen und legte sie auf die Erbse, und dann noch zwanzig Eiderdaunenbetten auf die Matratzen. Darauf musste nun die Prinzessin die ganze Nacht liegen. Am Morgen wurde sie gefragt, wie sie geschlafen habe.

„O, schrecklich schlecht!", sagte die Prinzessin. „Ich habe meine Augen fast die ganze Nacht nicht geschlossen! Gott weiß, was da im Bette gewesen ist! Ich habe auf etwas Hartem gelegen, sodass ich ganz braun und blau über meinen ganzen Körper bin! Es ist entsetzlich!"

Nun sahen sie ein, dass sie eine wirkliche Prinzessin war, weil sie durch die zwanzig Matratzen und die zwanzig Eiderdaunenbetten hindurch die Erbse verspürt hatte. So empfindlich konnte niemand sein als eine wirkliche Prinzessin.

Da nahm der Prinz sie zur Frau, denn nun wusste er, dass er eine wirkliche Prinzessin besitze; und die Erbse kam auf die Kunstkammer, wo sie noch zu sehen ist, wenn niemand sie gestohlen hat.

Sieh, das ist eine wahre Geschichte.

Die Nachtigall

Sein berühmtes Märchen von der Nachtigall, die einem wunderschönen Kunstvogel weichen muss, trug dazu bei, Andersens Ruf als glänzender Geschichtener-
zähler zu festigen. Als das Märchen 1843 erschien, wurde es von der Kritik als po-
etisches Meisterwerk gefeiert. Da Andersen die meisten seiner Erzählungen frei
aus dem Kopf schrieb, flossen oft Eindrücke aus dem wirklichen Leben in die
Geschichten mit ein. Als Beispiel nennen Historiker seine Schwärmerei für die
Starsopranistin Jenny Lind, auch als die „schwedische Nachtigall" bekannt. Obwohl seine Liebe nicht erwidert wurde, fühlte er sich der Sängerin künstlerisch
zutiefst seelenverwandt. Er selbst war als aufstrebendes Gesangstalent in jungen
Jahren die „Nachtigall von Fünen" genannt worden, und auch der Stil, in dem er
schrieb, ähnelte in seiner recht ungekünstelten Art dem beseelten Singstil von
Lind, der sich vom opulenten Operngesang jener Epoche stark unterschied.
Auch das China-Motiv des Märchens geht auf eine Anregung aus Andersens Um-
welt zurück: die Chinoiserie im neu eröffneten Kopenhagener Tivoli. Doch das
wohl wichtigste Vermächtnis der Erzählung ist der tiefe Einblick in Andersens
Gedanken über die Bedeutung von Kunst und die Herausforderung, der eigenen
Überzeugung zu folgen, selbst auf die Gefahr hin, mit seiner künstlerischen Vi-
sion alleine zu stehen. Zu einer Zeit, in welcher der Demokratisierungsprozess in
Europa allmählich voranschritt, erlebte Andersen hautnah mit, wie sich auch
künstlerischem Genie vielfältigere Ausdrucksmöglichkeiten eröffneten. – ND

Schattenrisse, teilweise koloriert, von Georgi Iwanowitsch Narbut, Ukraine, 1912

Im Garten sah man die wunderbarsten Blumen,
und an die prächtigsten waren Silberglocken gebunden, welche klangen,
damit man nicht vorbeigehen möchte, ohne die Blumen zu bemerken.

n China, weißt du wohl, ist der Kaiser ein Chinese, und alle, die er um sich hat, sind auch Chinesen. Es ist nun viele Jahre her, aber eben deshalb ist es der Mühe wert, die Geschichte zu hören, ehe sie vergessen wird! Des Kaisers Schloss war das prächtigste in der Welt, ganz und gar von feinem Porzellan, sehr kostbar, aber so spröde, so misslich, daran zu rühren, dass man sich sehr in Acht nehmen musste. Im Garten sah man die wunderbarsten Blumen, und an die prächtigsten waren Silberglocken gebunden, welche klangen, damit man nicht vorbeigehen möchte, ohne die Blumen zu bemerken. Ja, alles war in des Kaisers Garten fein ausspekuliert. Und er erstreckte sich so weit, dass der Gärtner selbst das Ende desselben nicht kannte. Ging man immer weiter, so kam man in den herrlichsten Wald mit hohen Bäumen und tiefen Seen. Der Wald ging gerade hinunter bis zum Meere, welches blau und tief war; große Schiffe konnten bis unter die Zweige der Bäume hinsegeln, und in diesen wohnte eine Nachtigall, die so herrlich sang, dass selbst der arme Fischer, der doch viel anderes zu tun hatte, stillhielt und horchte, wenn er des Nachts ausgefahren war, um das Fischnetz auszuwerfen, und dann die Nachtigall hörte. „Ach Gott, wie ist das schön!", sagte er; aber er musste auf seine Sachen Acht geben und vergaß dabei den Vogel. Doch wenn dieser in der nächsten Nacht wieder sang und der Fischer dorthin kam, sagte er dasselbe: „Ach Gott, wie ist das schön!"

Aus allen Ländern der Welt kamen Reisende nach der Stadt des Kaisers und bewunderten diese, das Schloss und den Garten. Doch wenn sie die Nachtigall zu hören bekamen, sagten sie alle: „Das ist doch das Beste!"

Die Reisenden erzählten davon, wenn sie nach Hause kamen, und die Gelehrten schrieben viele Bücher über die Stadt, das Schloss und den Garten. Aber auch die Nachtigall vergaßen sie nicht: Die wurde am höchsten gestellt; und die, welche dichten konnten, schrieben die herrlichsten Gedichte über die Nachtigall im Walde bei dem tiefen See.

Die Bücher durchliefen die Welt, und einige davon kamen auch einmal zum Kaiser. Er saß in seinem goldenen Stuhle und las und las; jeden Augenblick

Da begann die Nachtigall zu schlagen.
„Das ist sie!", sagte das kleine Mädchen. „Hört! Hört! Da sitzt sie!" –
„Ist es möglich!", sagte der Kavalier.

nickte er mit dem Kopfe, denn es freute ihn, die prächtigen Beschreibungen der Stadt, des Schlosses und des Gartens zu vernehmen. „Aber die Nachtigall ist doch das Allerbeste!", stand da geschrieben.

„Was ist das?", sagte der Kaiser. „Die Nachtigall kenne ich ja gar nicht! Ist ein solcher Vogel in meinem Kaiserreiche und sogar in meinem Garten? Das habe ich nie gehört! So etwas erst aus Büchern zu erfahren!"

Und hierauf rief er seinen Kavalier. Der war so vornehm, dass, wenn jemand, der geringer als er war, mit ihm zu sprechen oder ihn nach etwas zu fragen wagte, er weiter nichts erwiderte als: „P!", und das hat nichts zu bedeuten.

„Hier soll ja ein höchst merkwürdiger Vogel sein, welcher Nachtigall genannt wird!", sagte der Kaiser. „Man sagt, dies sei das Allerbeste in meinem großen Reiche. Weshalb hat man mir nie etwas davon gesagt?"

„Ich habe ihn früher nie nennen hören!", sagte der Kavalier. „Er ist nie bei Hofe vorgestellt worden!"

„Ich will, dass er heute Abend herkommen und vor mir singen soll!", sagte der Kaiser. „Die ganze Welt weiß, was ich habe, und ich weiß es nicht!"

„Ich habe ihn früher nie nennen hören!", sagte der Kavalier. „Ich werde ihn suchen, ich werde ihn finden!"

Aber wo war der zu finden? Der Kavalier lief alle Treppen auf und nieder, durch Säle und Gänge, aber keiner von allen denen, auf die er traf, hatte von der Nachtigall sprechen hören. Und der Kavalier lief wieder zum Kaiser und sagte, dass es sicher eine Fabel von denen sein müsste, die da Bücher schrieben. „Dero Kaiserliche Majestät können gar nicht glauben, was alles geschrieben wird! Das sind Erdichtungen und etwas, was man die Schwarze Kunst nennt."

„Aber das Buch, in dem ich dieses gelesen habe", sagte der Kaiser, „ist mir von dem großmächtigsten Kaiser von Japan gesandt, und es kann also keine Unwahrheit sein. Ich will die Nachtigall hören! Sie muss heute Abend hier sein! Sie hat meine höchste Gnade! Und kommt sie nicht, so soll dem ganzen Hofe auf den Leib getrampelt werden, wenn er Abendbrot gegessen hat!"

„Tsing pe!", sagte der Kavalier und lief wieder alle Treppen auf und nieder, durch alle Säle und Gänge; und der halbe Hof lief mit, denn sie wollten nicht gern auf den Leib getrampelt sein. Da gab es ein Fragen nach
der merkwürdigen Nachtigall, welche die ganze Welt kannte, nur niemand
bei Hofe.

Endlich trafen sie ein kleines, armes Mädchen in der Küche. Die sagte:
„O Gott, die Nachtigall kenne ich gut; ja, wie kann sie singen! Jeden Abend
habe ich Erlaubnis, meiner armen, kranken Mutter Überbleibsel vom Tische nach Hause zu tragen; sie wohnt unten am Strande; und wenn ich zu-
rückgehe, müde bin und im Walde ausruhe, dann höre ich die Nachtigall
singen! Es kommen mir dabei die Tränen in die Augen, und es ist, als ob
meine Mutter mich küsste!"

„Kleine Köchin!", sagte der Kavalier. „Ich werde dir eine Anstellung in der
Küche und die Erlaubnis verschaffen, den Kaiser speisen zu sehen, wenn du
uns zur Nachtigall führen kannst, denn sie ist zu heute Abend angesagt."

Und so zogen sie alle hinaus in den Wald, wo die Nachtigall zu singen
pflegte; der halbe Hof war mit. Als sie im besten Zuge waren, fing eine Kuh
zu brüllen an.

„O!", sagten die Hofjunker. „Nun haben wir sie! Das ist doch eine merk-
würdige Kraft in einem so kleinen Tiere! Die habe ich sicher schon früher
gehört!"

„Nein, das sind Kühe, welche brüllen!", sagte die kleine Köchin. „Wir
sind noch weit von dem Orte entfernt!"

Nun quakten die Frösche im Sumpfe.

„Herrlich!", sagte der chinesische Hofprediger. „Nun höre ich sie; es
klingt gerade wie kleine Kirchenglocken."

„Nein, das sind Frösche!", sagte die kleine Köchin. „Aber nun denke ich,
werden wir sie bald hören!"

Da begann die Nachtigall zu schlagen.

„Das ist sie!", sagte das kleine Mädchen. „Hört! Hört! Da sitzt sie!" Und
sie zeigte nach einem kleinen, grauen Vogel oben in den Zweigen.

„Ist es möglich!", sagte der Kavalier. „So hätte ich sie mir nimmer gedacht! Wie einfach sie aussieht! Sie hat sicher ihre Farbe darüber verloren, dass sie so viele vornehme Menschen um sich erblickt!"

„Kleine Nachtigall!", rief die kleine Köchin laut. „Unser gnädigster Kaiser wünscht, dass Sie vor ihm singen!"

„Mit dem größten Vergnügen!", sagte die Nachtigall und sang dann, dass es eine Lust war.

„Es klingt gerade wie Glasglocken!", sagte der Kavalier. „Und seht die kleine Kehle, wie sie arbeitet! Es ist merkwürdig, dass wir sie früher nie gehört haben! Sie wird großen Succès bei Hofe machen!"

„Soll ich noch einmal vor dem Kaiser singen?", fragte die Nachtigall, welche glaubte, der Kaiser sei auch da.

„Meine vortreffliche kleine Nachtigall!", sagte der Kavalier. „Ich habe die große Freude, Sie zu einem Hoffeste heute Abend einzuladen, wo Sie Dero Hohe Kaiserliche Gnaden mit Ihrem charmanten Gesange bezaubern werden!"

„Der hört sich am besten im Grünen an!", sagte die Nachtigall; aber sie kam doch gern mit, als sie hörte, dass es der Kaiser wünschte. Auf dem Schlosse war tüchtig aufgeputzt. Die Wände und der Fußboden, welche von Porzellan waren, glänzten im Strahle vieler Tausend Goldlampen, die prächtigsten Blumen, welche recht klingeln konnten, waren in den Gängen aufgestellt. Das waren ein Laufen und ein Zugwind, und alle Glocken klingelten so, dass man sein eigenes Wort nicht hören konnte.

Mitten in den großen Saal, wo der Kaiser saß, war ein goldener Stecken gestellt, auf diesem sollte die Nachtigall sitzen. Der ganze Hof war da, und die kleine Köchin hatte die Erlaubnis erhalten, hinter der Tür zu stehen, da sie nun den Titel einer wirklichen Hofköchin bekommen hatte. Alle waren in ihrem größten Putz, und alle sahen nach dem kleinen grauen Vogel, dem der Kaiser zunickte.

Die Nachtigall sang so herrlich, dass dem Kaiser die Tränen in die Augen traten und ihm über die Wangen herniederliefen, da sang die Nachtigall

Kurz, die Nachtigall machte wahrlich Glück.
Sie sollte nun bei Hofe bleiben und ihr eigenes Bauer haben.

noch schöner: Das ging recht zu Herzen. Der Kaiser war so froh, dass er sagte, die Nachtigall solle seinen goldenen Pantoffel um den Hals zu tragen bekommen. Aber die Nachtigall dankte, sie habe schon Belohnung genug erhalten.

„Ich habe Tränen in des Kaisers Augen gesehen, das ist mir der reichste Schatz! Eines Kaisers Tränen haben eine besondere Kraft! Gott weiß es, ich bin genug belohnt." Darauf sang sie wieder mit ihrer süßen herrlichen Stimme.

„Das ist die liebenswürdigste Koketterie, die ich kenne!", sagten die Damen ringsumher, und dann nahmen sie Wasser in den Mund, um zu glucken, wenn jemand mit ihnen spräche. Sie glaubten, dann auch Nachtigallen zu sein. Ja, die Lakaien und Kammermädchen ließen melden, dass auch sie zufrieden seien; das will viel sagen, denn die sind am schwersten zu befriedigen. Kurz, die Nachtigall machte wahrlich Glück.

Sie sollte nun bei Hofe bleiben, ihr eigenes Bauer und die Freiheit haben, zweimal des Tages und einmal des Nachts herauszuspazieren. Sie bekam dann zwölf Diener mit, welche ihr alle ein Seidenband um das Bein geschlungen hatten, an dem sie sie recht fest hielten. Es war durchaus kein Vergnügen bei einem solchen Ausfluge.

Die ganze Stadt sprach von dem merkwürdigen Vogel, und begegneten sich zwei, so sagte der eine nichts anderes als: „Nacht!" – und der andere sagte: „Gall!" Und dann seufzten sie und verstanden einander. Ja, elf Hökerkinder wurden nach ihr benannt; aber nicht eines von ihnen hatte einen Ton in der Kehle.

Eines Tages erhielt der Kaiser ein großes Paket, worauf geschrieben stand: „Die Nachtigall."

„Da haben wir nun ein neues Buch über unsern berühmten Vogel!", sagte der Kaiser. Aber es war kein Buch, sondern ein kleines Kunstwerk, welches in einer Schachtel lag: eine künstliche Nachtigall, die der lebenden gleichen sollte, allein überall mit Diamanten, Rubinen und Saphiren besetzt war. Sobald man den Kunstvogel aufzog, konnte er eines der Stücke,

Aber wo war die? Niemand hatte bemerkt,
dass sie aus dem offenen Fenster
zu ihren grünen Wäldern fortgeflogen war.

die der wirkliche Vogel sang, singen; und dann bewegte sich der Schweif auf und nieder und glänzte von Silber und Gold. Um den Hals hing ein kleines Band, darauf stand geschrieben: „Des Kaisers von Japan Nachtigall ist arm gegen die des Kaisers von China."

„Das ist herrlich!", sagten alle; und der, welcher den künstlichen Vogel gebracht hatte, erhielt sogleich den Titel „Kaiserlicher Ober-Nachtigall-Bringer".

„Nun müssen sie zusammen singen: Was wird das für ein Duett werden!"

Und so mussten sie zusammen singen; aber es wollte nicht recht passen, denn die wirkliche Nachtigall sang auf ihre Weise, und der Kunstvogel ging auf Walzen. „Der hat keine Schuld", sagte der Spielmeister, „der ist besonders taktfest und ganz nach meiner Schule!" Nun sollte der Kunstvogel allein singen. Er machte ebenso viel Glück als der wirkliche, und dann war er ja viel niedlicher anzusehen: Er glänzte wie Armbänder und Busennadeln.

Dreiunddreißig Mal sang er ein und dasselbe Stück und war doch nicht müde. Die Leute hätten ihn gern wieder aufs Neue gehört, aber der Kaiser meinte, dass nun auch die lebendige Nachtigall etwas singen solle. – Aber wo war die? Niemand hatte bemerkt, dass sie aus dem offenen Fenster zu ihren grünen Wäldern fortgeflogen war.

„Aber was ist denn das!", sagte der Kaiser. Und alle Hofleute schalten und weinten, dass die Nachtigall ein höchst undankbares Tier sei. „Den besten Vogel haben wir doch!", sagten sie, und so musste denn der Kunstvogel wieder singen, und das war das vierunddreißigste Mal, dass sie dasselbe Stück zu hören bekamen. Sie konnten es dessen ungeachtet doch nicht auswendig, es war gar zu schwer. Und der Spielmeister lobte den Vogel außerordentlich; ja, er versicherte, dass er besser als eine Nachtigall sei, nicht nur was die Kleider und die vielen herrlichen Diamanten beträfe, sondern auch innerlich.

„Denn sehen Sie, meine Herrschaften, der Kaiser vor allen! Bei der wirklichen Nachtigall kann man nie berechnen, was da kommen wird; aber bei dem Kunstvogel ist alles bestimmt! Man kann es erklären, man kann ihn

öffnen und dem Menschen begreiflich machen, wie die Walzen liegen, wie sie gehen, und wie das eine aus dem andern folgt!"

„Das sind auch unsere Gedanken!", sagten alle, und der Spielmeister erhielt die Erlaubnis, am nächsten Sonntage den Vogel dem Volke vorzuzeigen. Es sollte ihn auch singen hören, befahl der Kaiser. Und es hörte ihn; und es wurde so vergnügt, als ob es sich in Tee berauscht hätte, denn das ist chinesisch; da sagten alle: „Oh!", und hielten den Zeigefinger in die Höhe und nickten dazu. Die armen Fischer jedoch, welche die wirkliche Nachtigall gehört hatten, sagten: „Das klingt hübsch genug; die Melodien gleichen sich auch; aber es fehlt etwas, ich weiß nicht was!"

Die wirkliche Nachtigall wurde aus dem Lande und Reiche verwiesen.

Der Kunstvogel hatte seinen Platz auf einem Seidenkissen dicht bei des Kaisers Bette; all die Geschenke, welche er erhalten, Gold und Edelsteine, lagen rings um ihn her, und im Titel war er zu einem „Hochkaiserlichen Nachttisch-Sänger" gestiegen, im Range bis Nummer eins zur linken Seite. Denn der Kaiser rechnete die Seite für die vornehmste, auf der das Herz saß, und das Herz sitzt auch bei einem Kaiser links. Und der Spielmeister schrieb ein Werk von fünfundzwanzig Bänden über den Kunstvogel; das war so gelehrt und so lang, voll von den allerschwersten chinesischen Wörtern, dass alle Leute sagten, sie hätten es gelesen und verstanden, denn sonst wären sie ja dumm gewesen und wären auf den Leib getrampelt worden.

So ging es ein ganzes Jahr. Der Kaiser, der Hof und all die andern Chinesen konnten jeden Gluck in des Kunstvogels Gesange auswendig. Aber gerade deshalb gefiel er ihnen jetzt am allerbesten: Sie konnten selbst mitsingen, und das taten sie auch. Die Straßenbuben sangen: „Zizizi! Gluckgluckgluck!", und der Kaiser sang es ebenfalls. Ja, das war gewiss prächtig!

Eines Abends jedoch, als der Kunstvogel am besten sang und der Kaiser im Bette lag und darauf hörte, sagte es inwendig im Vogel „Schwupp". Da sprang etwas! „Schnurrrr!" Alle Räder liefen herum, und dann stand die Musik still.

Der Kaiser sprang gleich aus dem Bette und ließ seinen Leibarzt rufen, aber was konnte der helfen! Dann ließen sie den Uhrmacher holen, und nach vielem Sprechen und Nachsehen bekam er den Vogel etwas in Ordnung; aber er sagte, dass er geschont werden müsse, denn die Zapfen seien abgenutzt, und es wäre unmöglich, neue so einzusetzen, dass die Musik sicher ginge. Nun war eine große Trauer! Nur einmal des Jahres durfte man den Kunstvogel singen lassen, und das war schon fast zu viel. Aber dann hielt der Spielmeister eine kleine Rede voll inhaltsschwerer Worte und sagte, dass es ebenso gut sei wie früher; dann war es ebenso gut wie früher.

Jetzt waren fünf Jahre vergangen, und das Land bekam eine große Trauer. Die Chinesen hielten im Grunde alle auf ihren Kaiser, und jetzt war er krank und konnte nicht lange mehr leben, sagte man. Schon war ein neuer Kaiser gewählt, und das Volk stand draußen auf der Straße und fragte den Kavalier, wie es ihrem alten Kaiser ginge.

„P!", sagte er und schüttelte mit dem Kopfe.

Kalt und bleich lag der Kaiser in seinem großen prächtigen Bette; der ganze Hof glaubte ihn tot, und ein jeder von ihnen lief hin, den neuen Kaiser zu begrüßen. Die Kammerdiener liefen hinaus, um darüber zu schwatzen, und die Kammermädchen hatten große Kaffeegesellschaft. Ringsumher in alle Säle und Gänge war Tuch gelegt, damit man keinen Fußtritt vernehme, und deshalb war es da still, ganz still! Aber der Kaiser war noch nicht tot; steif und bleich lag er in dem prächtigen Bette mit den langen Sammetgardinen und den schweren Goldquasten; hoch oben stand ein Fenster offen, und der Mond schien herein auf den Kaiser und den Kunstvogel.

Der arme Kaiser konnte kaum atmen; es war, als ob etwas auf seiner Brust säße; er schlug die Augen auf, und da sah er, dass es der Tod sei, der auf seiner Brust saß und sich seine goldene Krone aufgesetzt hatte und in der einen Hand des Kaisers goldenen Säbel, in der andern seine prächtige Fahne hielt. Und ringsumher aus den Falten der großen, samtnen Bettgardinen sahen wunderbare Köpfe hervor: einige hässlich, andere

Der arme Kaiser konnte kaum atmen; es war,
als ob etwas auf seiner Brust säße; er schlug die Augen auf,
und da sah er, dass es der Tod sei.

lieblich und mild. Das waren alle des Kaisers böse und gute Taten, welche ihn anblickten, jetzt, da der Tod ihm auf dem Herzen saß.

„Entsinnest du dich dieses?", flüsterte einer nach dem andern.

„Erinnerst du dich dessen?" Und dann erzählten sie ihm so viel, dass ihm der Schweiß von der Stirne rann.

„Das habe ich nicht gewusst!", sagte der Kaiser. „Musik! Musik! Die große chinesische Trommel", rief er, „damit ich nicht alles zu hören brauche, was sie sagen!"

Und sie fuhren fort, und der Tod nickte wie ein Chinese zu allem, was gesagt wurde.

„Musik, Musik!", schrie der Kaiser. „Du kleiner herrlicher Goldvogel! Singe doch, singe! Ich habe dir ja Gold und Kostbarkeiten gegeben; ich habe dir selbst meinen goldenen Pantoffel um den Hals gehängt. Singe doch, singe!"

Der Vogel aber stand still; es war niemand da, ihn aufzuziehen, und sonst sang er nicht; aber der Tod fuhr fort, den Kaiser mit seinen großen, hohlen Augen anzustarren; und still war es, schrecklich still!

Da klang auf einmal vom Fenster her der herrlichste Gesang: Es war die kleine, lebende Nachtigall, welche auf einem Zweige draußen saß. Sie hatte von der Not ihres Kaisers gehört und war deshalb gekommen, ihm Trost und Hoffnung zu singen. Und wie sie sang, wurden die Gespenster immer bleicher und bleicher, das Blut kam immer rascher und rascher in des Kaisers schwachen Gliedern in Bewegung, und selbst der Tod horchte und sagte: „Fahre fort, kleine Nachtigall! Fahre fort!"

„Ja, willst du mir den prächtigen goldenen Säbel geben? Willst du mir die reiche Fahne geben? Willst du mir des Kaisers Krone geben?"

Und der Tod gab jedes Kleinod für einen Gesang, und die Nachtigall fuhr noch fort zu singen; sie sang von dem stillen Gottesacker, wo die weißen Rosen wachsen, wo der Flieder duftet und wo das frische Gras von den Tränen der Überlebenden befeuchtet wird. Da bekam der Tod Sehnsucht nach seinem Garten und schwebte wie ein kalter, weißer Nebel aus dem Fenster.

„Dank, Dank!", sagte der Kaiser. „Du himmlischer, kleiner Vogel! Ich kenne dich wohl! Dich habe ich aus meinem Lande und Reiche gejagt! Und doch hast du die bösen Gesichter von meinem Bette weggesungen, den Tod von meinem Herzen weggeschafft! Wie kann ich dir lohnen?"

„Du hast mich belohnt!", sagte die Nachtigall. „Ich habe deinen Augen Tränen entlockt, als ich das erste Mal sang: Das vergesse ich nie! Das sind Juwelen, die ein Sängerherz erfreuen! – Aber schlafe nun und werde wieder frisch und stark! Ich werde dir etwas vorsingen!"

Und sie sang – und der Kaiser fiel in einen süßen Schlummer. Ach! Wie mild und wohltuend war der Schlaf!

Die Sonne schien durch die Fenster zu ihm herein, als er gestärkt und gesund erwachte. Keiner von seinen Dienern war noch zurückgekehrt, denn sie glaubten, er sei tot; nur die Nachtigall saß noch bei ihm und sang.

„Immer musst du bei mir bleiben!", sagte der Kaiser. „Du sollst nun singen, wenn du selbst willst, und den Kunstvogel schlage ich in tausend Stücke."

„Tue das nicht!", sagte die Nachtigall. „Der hat ja Gutes getan, solange er konnte! Behalte ihn wie bisher! Ich kann im Schlosse nicht mein Nest bauen und bewohnen; aber lass mich kommen, wenn ich selbst Lust habe: Da will ich des Abends auf dem Zweige dort beim Fenster sitzen und dir etwas vorsingen, damit du froh werden kannst und gedankenvoll zugleich! Ich werde von den Glücklichen singen und von denen, die da leiden! Ich werde vom Bösen und vom Guten singen, was rings um dich her verborgen bleibt! Der kleine Singvogel fliegt weit umher, zu dem armen Fischer, zu des Landmanns Dach, zu jedem, der weit von dir und deinem Hofe entfernt ist! Ich liebe dein Herz mehr als deine Krone, und doch hat die Krone einen Duft von etwas Heiligtum um sich! – Ich komme, ich singe dir etwas vor! – Aber eines musst du mir versprechen."

„Alles!", sagte der Kaiser und stand da in seiner kaiserlichen Tracht, die er selbst angelegt hatte, und drückte den Säbel, welcher schwer von Gold war, an sein Herz.

Ich liebe dein Herz mehr als deine Krone, und doch
hat die Krone einen Duft von etwas Heiligtum um sich!

„Um eines bitte ich dich! Erzähle niemandem, dass du einen kleinen Vogel hast, der dir alles sagt; dann wird es noch besser gehen!"

Da flog die Nachtigall fort.

Die Diener kamen herein, um nach ihrem toten Kaiser zu sehen – ja, da
standen sie, und der Kaiser sagte: „Guten Morgen!"

Die kleine Seejungfer

Mischwesen aus Mensch und Tier – ob in der Luft, im Wasser oder zu Land lebend – sind von jeher der Stoff von Sagen und Legenden. In der Kunst der Romantik, unter deren Einfluss Andersens Epoche stand, waren Wassergeister wie Nöcken und Nixen besonders beliebt. Aus diesem Interesse speist sich Andersens idealistische, mit einer Prise viktorianischer Sentimentalität und Entsagung versetzte Geschichte über eine Meerjungfrau, die für ihre Liebe zu einem Prinzen teuer bezahlen muss. Das 1837 erschienene Märchen machte ihn weltberühmt und zählt bis heute zu seinen bekanntesten. Zwar weckten das Leid und die Selbstaufopferung der Meerjungfrau einige Kritik, doch Seelenqual war auch Andersen selbst nicht fremd, der einem Freund schrieb: „Ich leide mit meinen Figuren." Seine Biografin Jackie Wullschlager nimmt an, dass die Enttäuschungen, die Andersen in der Liebe erlebte – was einige Märchenkundler in der Erzählung autobiografische Züge vermuten lässt –, ihn dazu brachten, statt ewiger Liebe sein Werk als Weg in die Unsterblichkeit zu sehen. Die Anregung zu diesem Märchen fand er in Friedrich de la Motte Fouqués *Undine* (1811), doch anders als dessen Meerjungfrau kann Andersens Hauptfigur ihre Seele nicht durch Liebe unsterblich werden lassen. In einem Brief ließ er wissen: „Auf keinen Fall werde ich derlei in dieser Welt dulden", was seine tiefe Überzeugung unterstreicht, dass Erlösung nicht davon abhängen sollte, ob man Liebe findet oder nicht. – ND

Aquarelle von Josef Paleček, Tschechien, 1981,
und Scherenschnitte von Lotte Reiniger, Deutschland, 1980

An der tiefsten Stelle liegt des Meerkönigs Schloss;
die Mauern sind von Korallen und die langen Spitzbogenfenster
vom klarsten Bernstein.

 eit draußen im Meere ist das Wasser so blau wie die Blätter der schönsten Kornblume und so klar wie das reinste Glas. Aber es ist sehr tief, tiefer, als irgendein Ankertau reicht; viele Kirchtürme müssten aufeinandergestellt werden, um vom Boden bis über das Wasser zu reichen. Dort unten wohnt das Meervolk.

Nun muss man aber nicht glauben, dass da nur der nackte weiße Sandboden sei; nein, da wachsen die sonderbarsten Bäume und Pflanzen, die so geschmeidig im Stiele und in den Blättern sind, dass sie sich bei der geringsten Bewegung des Wassers rühren, als ob sie lebten. Alle kleinen und großen Fische schlüpfen zwischen den Zweigen hindurch wie hier oben die Vögel durch die Bäume. An der tiefsten Stelle liegt des Meerkönigs Schloss; die Mauern sind von Korallen und die langen Spitzbogenfenster vom klarsten Bernstein; aber das Dach bilden Muschelschalen, die sich öffnen und schließen, je nachdem das Wasser strömt. Es sieht herrlich aus, denn in jeder liegen strahlende Perlen; eine einzige davon würde großen Wert in der Krone einer Königin haben.

Der Meerkönig dort unten war seit vielen Jahren Witwer, während seine alte Mutter bei ihm wirtschaftete. Sie war eine kluge Frau, aber stolz auf ihren Adel; deshalb trug sie zwölf Austern auf dem Schwanze, die andern Vornehmen aber durften nur sechs tragen. – Sonst verdiente sie großes Lob, besonders weil sie viel auf die kleinen Meerprinzessinnen, ihre Enkelinnen, hielt. Es waren sechs schöne Kinder, aber die jüngste war die Schönste von allen, ihre Haut so klar und so fein wie ein Rosenblatt, ihre Augen so blau wie die tiefste See; aber ebenso wie die andern hatte sie keine Füße; der Körper endete in einen Fischschwanz.

Den ganzen Tag konnten sie unten im Schlosse, in den großen Sälen, wo lebendige Blumen aus den Wänden hervorwuchsen, spielen. Die großen Bernsteinfenster wurden aufgemacht, und dann schwammen die Fische zu ihnen herein, wie bei uns die Schwalben hereinfliegen, wenn wir die Fenster

Dies war ein herrlicher Knabe, aus weißem, klarem Steine
gehauen, der beim Stranden auf den Meeresgrund gekommen war.
Sie pflanzte bei der Statue eine rosenrote Trauerweide.

aufmachen; doch die Fische schwammen zu den Prinzessinnen hin, fraßen aus ihren Händen und ließen sich streicheln.

Draußen vor dem Schlosse war ein großer Garten mit feuerroten und dunkelblauen Blumen; die Früchte strahlten wie Gold und die Blumen wie brennendes Feuer, indem sie fortwährend Stängel und Blätter bewegten. Die Erde selbst war der feinste Sand, aber blau wie die Schwefelflamme. Über dem Ganzen lag ein eigentümlich blauer Schein; man hätte eher glauben mögen, dass man hoch in der Luft stehe und nur Himmel über und unter sich habe, als dass man auf dem Grunde des Meeres sei. Während der Windstille konnte man die Sonne erblicken; sie erschien wie eine Purpurblume, aus deren Kelche alles Licht strömte.

Eine jede der kleinen Prinzessinnen hatte ihren kleinen Platz im Garten, wo sie graben und pflanzen konnte, wie es ihr gefiel. Die eine gab ihrem Blumenfleck die Gestalt eines Walfisches; einer andern gefiel es besser, dass der ihrige einem kleinen Meerweibe gleiche; aber die Jüngste machte den ihrigen rund, der Sonne gleich, und hatte Blumen, die rot wie diese schienen.

Sie war ein sonderbares Kind, still und nachdenkend; und wenn die andern Schwestern mit den merkwürdigsten Sachen, welche sie von gestrandeten Schiffen erhalten hatten, prunkten, wollte sie außer den rosenroten Blumen, die der Sonne dort oben glichen, nur eine hübsche Marmorstatue haben. Dies war ein herrlicher Knabe, aus weißem, klarem Steine gehauen, der beim Stranden auf den Meeresgrund gekommen war. Sie pflanzte bei der Statue eine rosenrote Trauerweide; die wuchs herrlich und hing mit ihren frischen

Zweigen über derselben gegen den blauen Sandboden herunter, wo der Schatten sich violett zeigte und gleich den Zweigen in Bewegung war; es sah aus, als ob die Spitze und die Wurzeln miteinander spielten, als wollten sie sich küssen.

Es gab keine größere Freude für sie, als von der Menschenwelt zu hören; die Großmutter musste alles, was sie von Schiffen und Städten, Menschen und Tieren wusste, erzählen; hauptsächlich erschien ihr besonders schön, dass oben auf der Erde die Blumen dufteten, denn das taten sie auf dem Grunde des Meeres nicht, und dass die Wälder grün wären, und dass die Fische, die man dort zwischen den Bäumen erblickte, laut und herrlich singen könnten, dass es eine Lust sei. Es waren die kleinen Vögel, welche die Großmutter Fische nannte, denn sonst konnten sie sie nicht verstehen, da sie noch keinen Vogel gesehen hatten.

„Wenn ihr euer fünfzehntes Jahr erreicht habt", sagte die Großmutter, „dann sollt ihr die Erlaubnis erhalten, aus dem Meer emporzutauchen, im Mondscheine auf der Klippe zu sitzen und die großen Schiffe vorbeisegeln zu sehen. Wälder und Städte werdet ihr dann erblicken!" In dem kommenden Jahre war die eine der Schwestern fünfzehn Jahre alt, aber von den andern war die eine immer ein Jahr jünger als die andere; die jüngste von ihnen hatte demnach noch volle fünf Jahre zu warten, bevor sie von dem Grunde des Meeres hinaufkommen und sehen konnte, wie es bei uns aussehe. Aber die eine versprach der andern zu erzählen, was sie erblickt und was sie am ersten Tage am schönsten gefunden habe; denn ihre Großmutter erzählte ihnen nicht genug; da war so vieles, worüber sie Auskunft haben wollten.

Keine war sehnsüchtiger als die Jüngste, gerade sie, die noch die längste Zeit zu warten hatte und die stets still und gedankenvoll war. Manche Nacht stand sie am offenen Fenster und sah durch das dunkelblaue Wasser empor, wie die Fische mit ihren Flossen und Schwänzen plätscherten. Mond und Sterne konnten sie sehen; freilich schienen diese ganz bleich, aber durch das Wasser sahen sie größer aus als vor unsern Augen. Zog

In mancher Abendstunde fassten die fünf Schwestern einander
an den Armen und stiegen in einer Reihe über das Wasser auf.

dann etwas, einer schwarzen Wolke gleich, unter ihnen hin, so wusste sie, dass es entweder ein Walfisch sei, der über ihr schwamm, oder ein Schiff mit vielen Menschen; die dachten sicher nicht daran, dass eine liebliche, kleine Seejungfer unten stehe und ihre weißen Hände gegen den Kiel emporstrecke.

Nun war die älteste Prinzessin fünfzehn Jahre alt und durfte über die Meeresfläche emporsteigen.

Als sie zurückkam, hatte sie Hunderterlei zu erzählen, aber das Schönste, sagte sie, sei, im Mondschein auf einer Sandbank in der ruhigen See zu liegen und die nah gelegene Küste mit der großen Stadt zu betrachten, wo die Lichter gleich hundert Sternen blinken, die Musik, das Lärmen und Toben von Wagen und Menschen zu hören, die vielen Kirchtürme zu sehen und das Läuten der Glocken zu vernehmen.

O! Wie horchte die jüngste Schwester auf, und wenn sie später abends am offenen Fenster stand und durch das dunkelblaue Wasser emporblickte, gedachte sie der großen Stadt mit dem Lärmen und Toben; dann glaubte sie, die Kirchenglocken bis zu sich herunter läuten hören zu können.

Im folgenden Jahre erhielt die zweite Schwester die Erlaubnis, aus dem Wasser emporzusteigen und zu schwimmen, wohin sie wolle. Sie tauchte auf, als die Sonne unterging, und dieser Anblick, fand sie, sei das Schönste. Der ganze Himmel habe wie Gold ausgesehen, und die Schönheit der Wolken konnte sie nicht genug beschreiben! Rot und violett waren sie über ihr dahingesegelt, aber weit schneller als diese flog, einem langen weißen Schleier gleich, ein Schwarm wilder Schwäne über das Wasser hin, wo die Sonne stand. Sie schwamm derselben entgegen, aber die Sonne sank, und der Rosenschein erlosch auf der Meeresfläche und in den Wolken.

Das Jahr darauf kam die dritte Schwester hinauf. Sie war die Dreisteste von allen, deshalb schwamm sie einen breiten Fluss, der in das Meer mündete, aufwärts. Herrliche, grüne Hügel mit Weinranken erblickte sie; Schlösser und Burgen schimmerten aus prächtigen Wäldern hervor; sie hör-

Die Sonne war eben untergegangen, als sie den Kopf
über das Wasser erhob; aber alle Wolken glänzten noch wie
Rosen und Gold. Da lag ein großes Schiff mit drei Masten.

te, wie alle Vögel sangen; und die Sonne schien so warm, dass sie oft unter das Wasser tauchen musste, um ihr brennendes Antlitz abzukühlen. In einer kleinen Bucht traf sie einen Schwarm kleiner Menschenkinder. Diese waren völlig nackt und plätscherten im Wasser; sie wollte mit ihnen spielen, aber die flohen erschrocken davon, und es kam ein kleines, schwarzes Tier, ein Hund – aber sie hatte nie einen Hund gesehen –, der bellte sie so schrecklich an, dass sie ängstlich die offene See zu erreichen suchte. Doch nie konnte sie die prächtigen Wälder, die grünen Hügel und niedlichen Kinder vergessen, die im Wasser schwimmen konnten, obgleich sie keinen Fischschwanz hatten.

Die vierte Schwester war nicht so dreist; sie blieb draußen im wilden Meere und erzählte, dass es dort am schönsten sei! Man sehe ringsumher viele Meilen weit, und der Himmel stehe wie eine Glasglocke darüber. Schiffe hatte sie gesehen, aber nur aus weiter Ferne, die sahen wie Möwen aus; die possierlichen Delfine hatten Purzelbäume geschlagen und die großen Walfische aus ihren Nasenlöchern Wasser emporgespritzt, sodass es ausgesehen hatte wie Hunderte von Springbrunnen ringsumher.

Nun kam die Reihe an die fünfte Schwester; ihr Geburtstag war im Winter, und deshalb erblickte sie, was die anderen das erste Mal nicht gesehen hatten. Die See sah ganz grün aus, und ringsumher schwammen große Eisberge; ein jeder erschien wie eine Perle, sagte sie, und war doch weit größer als die Kirchtürme, welche die Menschen bauen. Sie zeigten sich in den sonderbarsten Gestalten und glänzten wie Diamanten. Sie hatte sich auf einen der größten gesetzt, und alle Segler kreuzten erschrocken draußen herum, wo sie saß und den Wind mit ihrem langen Haare spielen ließ; aber gegen Abend wurde der Himmel mit Wolken überzogen; es blitzte und donnerte, während die schwarze See die großen Eisblöcke hoch emporhob und sie im roten Blitze erglänzen ließ. Auf allen Schiffen reffte man die Segel ein; da waren eine Angst und ein Grauen. Aber sie saß ruhig auf ihrem schwimmenden Eisberge und sah die blauen Blitzstrahlen im Zickzack in die schimmernde See fahren.

Das erste Mal, wenn eine der Schwestern über das Wasser emporkam, war eine jede entzückt über das Neue und Schöne, was sie erblickte; aber da sie nun, als erwachsene Mädchen, die Erlaubnis hatten, hinaufzusteigen, wann sie wollten, wurde es ihnen gleichgültig. Sie sehnten sich wieder zurück, und nach Verlauf eines Monats sagten sie, dass es unten bei ihnen am schönsten sei; da sei man so hübsch zu Hause.

In mancher Abendstunde fassten die fünf Schwestern einander an den Armen und stiegen in einer Reihe über das Wasser auf: Herrliche Stimmen hatten sie, schöner denn irgendein Mensch; und wenn dann ein Sturm im Anzug war, sodass sie vermuten konnten, es würden Schiffe untergehen, schwammen sie vor den Schiffen her und sangen so lieblich, wie schön es auf dem Grunde des Meeres sei, und baten die Seeleute, sich nicht zu fürchten da hinunterzukommen. Aber die konnten die Worte nicht verstehen und glaubten, es sei der Sturm; sie bekamen auch die Herrlichkeit dort unten nicht zu sehen, denn wenn das Schiff sank, ertranken die Menschen und kamen als Leichen zu des Meerkönigs Schlosse.

Wenn die Schwestern so des Abends, Arm in Arm, hoch durch das Wasser hinaufstiegen, dann stand die kleinste Schwester allein und sah ihnen nach; und es war ihr, als ob sie weinen müsste; aber die Seejungfer hat keine Tränen, und darum leidet sie weit mehr.

„Ach, wäre ich doch fünfzehn Jahre alt!“, sagte sie. „Ich weiß, dass ich die Welt dort oben und die Menschen, die darauf wohnen und hausen, recht lieben werde.“

Endlich war sie denn fünfzehn Jahre alt.

„Sieh, nun bist du erwachsen!“, sagte die Großmutter, die alte Königswitwe. „Komm nun, lass mich dich schmücken, gleich deinen andern Schwestern!“ Sie setzte ihr einen Kranz weißer Lilien auf das Haar, aber jedes Blatt in der Blume war die Hälfte einer Perle; und die Alte ließ acht große Austern im Schweife der Prinzessin sich festklemmen, um ihren hohen Rang zu zeigen.

„Das tut so weh!“, sagte die kleine Seejungfer.

„Ja, Hoffart muss Zwang leiden!", sagte die Alte.

O, sie hätte so gern alle diese Pracht abschütteln und den schweren Kranz ablegen mögen: Ihre roten Blumen im Garten kleideten sie besser; aber sie konnte es nun nicht ändern. „Lebt wohl!", sprach sie; und sie stieg dann leicht und klar, gleich einer Blase, aus dem Wasser auf.

Die Sonne war eben untergegangen, als sie den Kopf über das Wasser erhob; aber alle Wolken glänzten noch wie Rosen und Gold; und inmitten der bleichroten Luft strahlte der Abendstern so hell und schön; die Luft war mild und frisch und das Meer ruhig. Da lag ein großes Schiff mit drei Masten; nur ein einziges Segel war aufgezogen, denn es regte sich kein Lüftchen; und rings umher im Tauwerk und auf den Rahen saßen die Matrosen. Da waren Musik und Gesang, und als es dunkelte, wurden Hunderte von bunten Laternen angezündet, die sahen aus, als ob aller Nationen Flaggen in der Luft wehten. Die kleine Seejungfer schwamm bis zum Kajütenfenster und jedes Mal, wenn das Wasser sie emporhob, konnte sie durch die spiegelhellen Fensterscheiben hineinblicken, wo viele geputzte Menschen standen. Aber der Schönste war doch der junge Prinz mit den großen, schwarzen Augen; er war sicher nicht viel über sechzehn Jahre alt; es war sein Geburtstag, und deshalb herrschte all diese Pracht. Die Matrosen tanzten auf dem Verdecke; und als der junge Prinz hinaustrat, stiegen über hundert Raketen in die Luft; die leuchteten wie der helle Tag, sodass die kleine Seejungfer sehr erschrak und unter das Wasser tauchte; aber sie streckte bald den Kopf wieder hervor, und da war es, als ob alle Sterne des Himmels zu ihr herunterfielen. Nie hatte sie solche Feuerkünste gesehen! Große Sonnen sprühten umher, prächtige Feuerfische flogen in die blaue Luft, und alles spiegelte sich in der klaren, stillen See. Auf dem Schiffe selbst war es so hell, dass man jedes kleine Tau, wie viel mehr also die Menschen sehen konnte. O, wie schön war doch der junge Prinz; er drückte den Leuten die Hand und lächelte, während die Musik in der herrlichen Nacht erklang.

Es wurde spät, aber die kleine Seejungfer konnte ihre Augen nicht von dem Schiffe und vom schönen Prinzen wegwenden. Die bunten Laternen

Die schönen Augen schlossen sich, er hätte sterben
müssen, wäre die kleine Seejungfer nicht herzugekommen.
Sie hielt seinen Kopf über das Wasser empor.

wurden ausgelöscht, Raketen stiegen nicht mehr in die Höhe, es ertönten auch keine Kanonenschüsse mehr; aber tief unten im Meere summte und brummte es, inzwischen saß sie auf dem Wasser und schaukelte auf und nieder, sodass sie in die Kajüte hineinblicken konnte. Aber das Schiff bekam mehr Fahrt; ein Segel nach dem anderen breitete sich aus, nun gingen die Wogen stärker; große Wolken zogen auf; es blitzte in der Ferne. O, es wird ein böses Wetter werden! Deshalb zogen die Matrosen die Segel ein. Das große Schiff schaukelte in fliegender Fahrt auf der wilden See; das Wasser erhob sich wie große, schwarze Berge, die über die Masten rollen wollten; aber das Schiff tauchte wie ein Schwan zwischen den hohen Wogen nieder und ließ sich wieder auf die hochgetürmten Wasser heben. Der kleinen Seejungfer dünkte es, eine recht lustige Fahrt zu sein, aber so erschien es den Seeleuten nicht; das Schiff knackte und krachte; die dicken Planken bogen sich bei den starken Stößen; die See stürzte in das Schiff hinein; der Mast brach mitten durch, als ob es ein Rohr wäre, und das Schiff legte sich auf die Seite, während das Wasser in den Raum eindrang. Nun sah die kleine Seejungfer, dass sie in Gefahr waren; sie musste sich selbst vor den Balken und Stücken vom Schiffe, die auf dem Wasser trieben, in Acht nehmen. Einen Augenblick war es so finster, dass sie nicht das Mindeste sah; aber wenn es dann blitzte, wurde es wieder so hell, dass sie alle auf dem Schiffe erkennen konnte; besonders suchte sie den jungen Prinzen, und sie sah ihn, als das Schiff sich teilte, in das tiefe Meer versinken. Sogleich wurde sie ganz vergnügt, denn nun kam er zu ihr hinunter. Aber da gedachte sie, dass die Menschen nicht im Wasser leben können und dass er nicht anders als tot zum Schlosse ihres Vaters hinuntergelangen könnte. Nein, sterben durfte er nicht; deshalb schwamm sie hin zwischen Balken und Planken, die auf der See trieben, und vergaß völlig, dass diese sie hätten zerquetschen können. Sie tauchte tief unter das Wasser und stieg wieder hoch zwischen den Wogen empor und gelangte am Ende so zu dem Prinzen hin, der nicht länger in der stürmischen See schwimmen konnte. Seine Arme und Beine begannen zu ermatten; die schönen Augen schlossen sich, er hätte sterben müssen, wäre die kleine Seejungfer nicht herzugekommen. Sie hielt seinen Kopf über das Wasser empor und ließ sich dann mit ihm von den Wogen treiben, wohin sie wollten.

Am Morgen war das böse Wetter vorüber; von dem Schiffe war kein Span zu erblicken; die Sonne stieg rot und glänzend aus dem Wasser empor; es war, als ob des Prinzen Wangen Leben dadurch erhielten; aber die Augen blieben geschlossen. Die Seejungfer küsste seine hohe, schöne Stirn und strich sein nasses Haar zurück, er kam ihr vor wie die Marmorstatue in ihrem kleinen Garten; sie küsste ihn wieder und wünschte, dass er lebte.

Nun erblickte sie vor sich das feste Land, hohe, blaue Berge, auf deren Gipfeln der weiße Schnee glänzte, als wären es Schwäne, die dort lägen. Unten an der Küste waren herrliche, grüne Wälder, und vorn lag eine Kirche oder ein Kloster, das wusste sie nicht recht, aber ein Gebäude war es. Zitronen- und Apfelsinenbäume wuchsen im Garten, und vor dem Tore standen hohe Palmbäume. Die See bildete hier eine kleine Bucht; da war sie still, aber sehr tief; gerade auf die Klippe zu, wo der weiße, feine Sand aufgespült war, schwamm sie mit dem schönen Prinzen, legte ihn in den Sand, sorgte aber besonders dafür, dass der Kopf hoch im warmen Sonnenscheine lag.

Nun läuteten alle Glocken in dem großen, weißen Gebäude, und es kamen viele junge Mädchen durch den Garten. Da schwamm die kleine Seejungfer weiter hinaus hinter einige hohe Steine, die aus dem Wasser hervorragten, legte Seeschaum auf ihr Haar und ihre Brust, sodass niemand ihr kleines Gesicht sehen konnte, und dann passte sie auf, wer zu dem armen Prinzen kommen würde.

Es währte nicht lange, da kam ein junges Mädchen dorthin; sie schien sehr zu erschrecken, aber nur einen Augenblick; dann holte sie mehrere Menschen, und die Seejungfer sah, dass der Prinz zum Leben zurückkam und dass er alle anlächelte. Aber ihr lächelte er nicht zu; er wusste ja auch

Zuletzt konnte sie es nicht länger aushalten,
sondern sagte es einer ihrer Schwestern; und gleich
erfuhren es die anderen.

nicht, dass sie ihn gerettet hatte, sie war sehr betrübt, und als er in das große Gebäude hineingeführt wurde, tauchte sie traurig unter das Wasser und kehrte zum Schlosse ihres Vaters zurück.

Immer war sie still und nachdenkend gewesen, aber nun wurde sie es noch weit mehr. Die Schwestern fragten sie, was sie das erste Mal dort oben gesehen habe; aber sie erzählte nichts.

Manchen Abend und Morgen stieg sie hinauf, wo sie den Prinzen verlassen hatte. Sie sah, wie die Früchte des Gartens reiften und gepflückt wurden; sie sah, wie der Schnee auf den hohen Bergen schmolz; aber den Prinzen erblickte sie nicht, und deshalb kehrte sie immer betrübter heim. Da war es ihr einziger Trost, in ihrem kleinen Garten zu sitzen und die Arme um die schöne Marmorstatue zu schlingen, die dem Prinzen glich; aber ihre Blumen pflegte sie nicht, die wuchsen wie in einer Wildnis über die Gänge hinaus und flochten ihre langen Stiele und Blätter in die Zweige der Bäume hinein, sodass es dort dunkel war.

Zuletzt konnte sie es nicht länger aushalten, sondern sagte es einer ihrer Schwestern; und gleich erfuhren es die anderen, aber niemand weiter als diese und einige andere Seejungfern, die es nur ihren nächsten Freundinnen weitersagten. Eine von ihnen wusste, wer der Prinz war; sie hatte auch das Fest auf dem Schiffe gesehen und gab an, woher er war und wo sein Königreich lag.

„Komm, kleine Schwester!“, sagten die anderen Prinzessinnen, und sich umschlungen haltend, stiegen sie in einer langen Reihe aus dem Meere empor, wo sie wussten, dass des Prinzen Schloss lag.

Dieses war aus einer hellgelben, glänzenden Steinart ausgeführt, mit großen Marmortreppen, deren eine in das Meer hinunterreichte. Prächtig vergoldete Kuppeln erhoben sich über das Dach, und zwischen den Säulen, um das ganze Gebäude herum, standen Marmorbilder, die aussahen, als lebten sie. Durch das klare Glas in den hohen Fenstern blickte man in die prächtigen Säle hinein, wo köstliche Seidengardinen und Teppiche aufgehängt und alle Wände mit großen Gemälden verziert waren, sodass es ein wahres Vergnügen war, es zu betrachten. Mitten in dem größten Saale plätscherte ein großer Springbrunnen; seine Strahlen reichten hoch hinauf gegen die Glaskuppel in der Decke, durch welche die Sonne auf das Wasser und die schönen Pflanzen schien, die im großen Bassin wuchsen.

Nun wusste sie, wo er wohnte, und dort war sie manchen Abend und manche Nacht auf dem Wasser. Sie schwamm dem Lande weit näher, als eine der andern es gewagt hätte; ja, sie ging den schmalen Kanal hinauf, unter den prächtigen Marmoraltan, welcher einen großen Schatten über das Wasser warf. Hier saß sie und betrachtete den jungen Prinzen, der da glaubte, er sei ganz allein in dem hellen Mondscheine.

Sie sah ihn manchen Abend mit Musik in seinem prächtigen Boote segeln, auf dem Flaggen wehten; sie lauschte durch das grüne Schilf hervor, und ergriff der Wind ihren langen silberweißen Schleier und jemand sah ihn, so glaubte er, es sei ein Schwan, der die Flügel ausbreite.

Sie hörte in mancher Nacht, wenn die Fischer mit Fackeln auf der See waren, viel Gutes von dem jungen Prinzen erzählen; und es freute sie, dass sie sein Leben gerettet hatte, als er halb tot auf den Wogen umhertrieb; sie dachte daran, wie fest sein Haupt an ihrem Busen geruht und wie herzlich sie ihn da geküsst hatte; er aber wusste nichts davon und konnte nicht einmal von ihr träumen.

Mehr und mehr fing sie an, die Menschen zu lieben; mehr und mehr wünschte sie, unter ihnen umherwandeln zu können, deren Welt ihr weit größer zu sein schien als die ihrige. Sie konnten ja auf Schiffen über das Meer fliegen, auf den hohen Bergen über die Wolken emporsteigen; und die

„Weshalb bekamen wir keine unsterbliche Seele?",
fragte die kleine Seejungfer betrübt.
„Daran darfst du nicht denken!", sagte die Alte.

Länder, die sie besaßen, erstreckten sich mit Wäldern und Feldern weiter, als ihre Blicke reichten. Da war so vieles, was sie zu wissen wünschte; aber die Schwestern wussten ihr nicht alles zu beantworten, deshalb fragte sie die Großmutter; diese kannte die höhere Welt recht gut, die sie sehr richtig die Länder über dem Meere nannte.

„Wenn die Menschen nicht ertrinken", fragte die kleine Seejungfer, „können sie dann ewig leben? Sterben sie nicht wie wir hier unten im Meere?"

„Ja", sagte die Alte, „sie müssen auch sterben, und ihre Lebenszeit ist sogar noch kürzer als die unsere. Wir können dreihundert Jahre alt werden, aber wenn wir dann aufhören, hier zu sein, so werden wir nur in Schaum aus dem Wasser verwandelt, haben nicht einmal ein Grab hier unten unter unsern Lieben. Wir haben keine unsterbliche Seele; wir erhalten nie wieder Leben; wir sind gleich dem grünen Schilfe; ist das einmal durchgeschnitten, so kann es nicht wieder grünen! Die Menschen hingegen haben eine Seele, die ewig lebt, die noch lebt, nachdem der Körper zu Erde geworden ist; sie steigt durch die klare Luft empor, hinaus zu den glänzenden Sternen! So wie wir aus dem Wasser auftauchen und die Länder der Welt erblicken, so steigen sie zu unbekannten herrlichen Orten auf, die wir nie zu sehen bekommen."

„Weshalb bekamen wir keine unsterbliche Seele?", fragte die kleine Seejungfer betrübt. „Ich möchte meine Hunderte von Jahren, die ich zu leben habe, dafür geben, um nur einen Tag Mensch zu sein und dann hoffen zu können, Anteil an der himmlischen Welt zu haben."

Sie sah, wie jeder Polyp etwas, was er ergriffen hatte, mit Hunderten von kleinen Armen hielt; Schiffsruder und Kisten hielten sie fest, auch Skelette von Landtieren und ein kleines Meerweib.

„Daran darfst du nicht denken!", sagte die Alte. „Wir fühlen uns weit glücklicher und besser wie die Menschen dort oben!"

„Ich werde also sterben und als Schaum auf dem Meere treiben, nicht die Musik der Wogen hören, die schönen Blumen und die rote Sonne sehen? Kann ich denn gar nichts tun, um eine unsterbliche Seele zu gewinnen?"

„Nein!", sagte die Alte. „Nur wenn ein Mensch dich so lieben würde, dass du ihm mehr als Vater und Mutter wärest; wenn er mit all seinem Denken und all seiner Liebe an dir hinge und den Prediger seine rechte Hand in die deinige, mit dem Versprechen der Treue hier und in alle Ewigkeit, legen ließe, dann flösse seine Seele in deinen Körper über, und auch du erhieltest Anteil an der Glückseligkeit der Menschen. Er gäbe dir Seele und behielte doch seine eigene. Aber das kann nie geschehen! Was hier im Meere schön ist, dein Fischschwanz, finden sie dort auf der Erde hässlich; sie verstehen es eben nicht besser; man muss dort zwei plumpe Stützen haben, die sie Beine nennen, um schön zu sein!"

Da seufzte die kleine Seejungfer und sah betrübt auf ihren Fischschwanz.

„Lass uns froh sein", sagte die Alte, „hüpfen und springen wollen wir in den dreihundert Jahren, die wir zu leben haben; das ist wahrlich lang genug; später kann man sich umso besser ausruhen. Heute Abend werden wir Hofball haben!"

Das war auch eine Pracht, wie man sie nie auf Erden erblickt. Die Wände und die Decke des großen Tanzsaals waren von dickem, aber durchsichtigem Glase. Mehrere Hundert kolossale Muschelschalen, rosenrote und grasgrüne, standen zu jeder Seite in Reihen mit einem blau brennenden Feuer, welches den ganzen Saal erleuchtete und durch die Wände hindurchschien, sodass die See draußen erleuchtet war; man konnte die unzähligen Fische sehen, große und kleine, die gegen die Glasmauern schwammen; auf einigen glänzten die Schuppen purpurrot, auf anderen erschienen sie wie Silber und Gold. – Mitten durch den Saal floss ein breiter Strom, und auf diesem tanzten die Meermänner und Meerweibchen zu ihrem eigenen lieblichen Gesange. So schöne Stimmen haben die Menschen auf der Erde nicht. Die kleine Seejungfer sang am schönsten von ihnen allen, und der ganze Hof applaudierte mit Händen und Schwänzen; und einen Augenblick fühlte sie eine Freude in ihrem Herzen, denn sie wusste, dass sie die schönste Stimme von allen auf der Erde und im Meere hatte! Aber bald gedachte sie wieder der Welt über sich; sie konnte den hübschen Prinzen und ihren Kummer, dass sie keine unsterbliche Seele wie er sie besitze, nicht vergessen. Deshalb schlich sie sich aus ihres Vaters Schlosse hinaus, und während alles drinnen Gesang und Frohsinn war, saß sie betrübt in ihrem kleinen Garten. Da hörte sie das Waldhorn durch das Wasser ertönen und dachte: „Nun segelt er sicher dort oben, er, an dem meine Sinne hangen und in dessen Hand ich meines Lebens Glück legen möchte. Alles will ich wagen, um ihn und eine unsterbliche Seele zu gewinnen! Während meine Schwestern dort in meines Vaters Schlosse tanzen, will ich zur Meerhexe gehen, vor der mir immer so bange gewesen ist; aber sie kann vielleicht raten und helfen!"

Nun ging die kleine Seejungfer aus ihrem Garten hinaus nach den brausenden Strudeln, hinter denen die Hexe wohnte. Den Weg hatte sie früher nie zurückgelegt; da wuchsen keine Blumen, kein Seegras; nur der nackte graue Sandboden erstreckte sich gegen die Strudel hin, wo das Wasser gleich brausenden Mühlrädern herumwirbelte und alles, was es erfasste, mit sich in die Tiefe riss. Mitten zwischen diesen zermalmenden Wirbeln musste sie hindurch, um in den Bereich der Meerhexe zu gelangen; und hier war eine lange Strecke kein anderer Weg als über warmen, sprudelnden Schlamm; diesen nannte die Hexe ihr Torfmoor. Dahinter lag ihr Haus mitten in einem seltsamen Walde, alle Bäume und Büsche waren Polypen, halb Tier und halb Pflanze; sie sahen aus wie hundertköpfige Schlangen, die aus der Erde hervorwuchsen; alle Zweige waren lange, schleimige Arme mit Fingern wie geschmeidige Würmer; und Glied vor Glied bewegte sich, von der Wurzel bis zur äußersten Spitze. Alles, was sie im Meere erfassen konnten, umschlangen sie fest und ließen es nie wieder fahren. Die kleine Seejungfer blieb vor demselben ganz erschrocken stehen; ihr Herz pochte vor Furcht; fast wäre sie umgekehrt; aber da dachte sie an den Prinzen und an die Seele der Menschen, und nun bekam sie Mut. Ihr langes, fliegendes Haar band sie fest um das Haupt, damit die Polypen sie nicht daran ergreifen möchten; beide Hände legte sie über ihrer Brust zusammen und schoss so dahin, wie der Fisch durch das Wasser schießen kann, immer zwischen den hässlichen Polypen hindurch, die ihre geschmeidigen Arme und Finger hinter ihr herstreckten. Sie sah, wie jeder von ihnen etwas, was er ergriffen hatte, mit Hunderten von kleinen Armen hielt, Menschen, die auf der See umgekommen und tief hinunter gesunken waren, sahen wie weiße Gerippe aus der Polypen Armen hervor. Schiffsruder und Kisten hielten sie fest, auch Skelette von Landtieren und ein kleines Meerweib, welches sie gefangen und erstickt hatten; das war ihr das Schrecklichste.

Nun kam sie zu einem großen sumpfigen Platze im Walde, wo große, fette Wasserschlangen sich wälzten und ihren hässlichen weißgelben Bauch zeigten. Mitten auf dem Platze war ein Haus, von weißen Knochen ertrunkener Menschen errichtet; da saß die Meerhexe und ließ eine Kröte aus ihrem Munde fressen, wie die Menschen einem kleinen Kanarienvogel Zucker zu essen geben. Die hässlichen, fetten Wasserschlangen nannte sie ihre kleinen Küchlein und ließ sie sich auf ihrer großen, schwammigen Brust wälzen.

„Ich weiß schon, was du willst!", sagte die Meerhexe. „Es ist zwar dumm von dir, doch sollst du deinen Willen haben; denn er wird dich ins Unglück stürzen, meine schöne Prinzessin. Du willst gern deinen Fischschwanz los sein und stattdessen zwei Stützen wie die Menschen zum Stehen haben, damit der junge Prinz sich in dich verliebt und du ihn und eine unsterbliche Seele erhalten kannst!" Dabei lachte die Hexe laut und widerlich, sodass die Kröte und die Schlangen auf die Erde fielen, wo sie sich wälzten. „Du kommst gerade zur rechten Zeit", sagte die Hexe, „morgen, wenn die Sonne aufgeht, könnte ich dir nicht helfen, bis wieder ein Jahr um wäre. Ich werde dir einen Trank bereiten, mit dem musst du, bevor die Sonne

„Das Beste, was du besitzest – die schönste Stimme von allen hier –,
will ich für meinen köstlichen Trank haben!", sagte die Hexe.

aufgeht, nach dem Lande schwimmen, dich dort an das Ufer setzen und
ihn trinken: Dann verschwindet dein Schwanz und schrumpft zu dem,
was die Menschen niedliche Beine nennen, zusammen, aber es tut weh;
es ist, als ob ein scharfes Schwert dich durchdränge. Alle, die dich sehen,
werden sagen, du seiest das schönste Menschenkind, das sie gesehen hätten. Du behältst deinen schwebenden Gang; keine Tänzerin kann sich so
leicht bewegen wie du; aber jeder Schritt, den du machst, ist, als ob du auf
scharfe Messer trätest, als ob dein Blut fließen müsste. Willst du alles dieses leiden, so werde ich dir helfen!"

„Ja!", sagte die kleine Seejungfer mit bebender Stimme und gedachte des
Prinzen und der unsterblichen Seele.

„Aber bedenke", sagte die Hexe, „hast du erst menschliche Gestalt bekommen, so kannst du nie wieder eine Seejungfer werden! Du kannst nie
durch das Wasser zu deinen Schwestern und zum Schlosse deines Vaters
zurück, und gewinnst du des Prinzen Liebe nicht so, dass er um deinetwil-
len Vater und Mutter vergisst, an dir mit Leib und Seele hängt und den
Priester eure Hände ineinander legen lässt, dass ihr Mann und Frau werdet, so bekommst du keine unsterbliche Seele! Am ersten Morgen nachdem er mit einer andern verheiratet ist, wird dein Herz brechen, und du
wirst zu Schaum auf dem Wasser."

„Ich will es", sagte die kleine Seejungfer und war bleich wie der Tod.

„Aber mich musst du auch bezahlen!", sagte die Hexe. „Und es ist nicht
wenig, was ich verlange. Du hast die schönste Stimme von allen hier auf
dem Grunde des Meeres; damit glaubst du wohl, ihn bezaubern zu können;
aber diese Stimme musst du mir geben. Das Beste, was du besitzest, will
ich für meinen köstlichen Trank haben! Mein eigen Blut muss ich dir ja geben, damit der Trank scharf wird wie ein zweischneidig Schwert!"

„Aber wenn du meine Stimme nimmst", sagte die kleine Seejungfer, „was
bleibt mir dann übrig?"

„Deine schöne Gestalt", sagte die Hexe, „dein schwebender Gang und deine sprechenden Augen; damit kannst du schon ein Menschenherz betören.

Alle waren entzückt davon, und sie tanzte mehr und mehr,
obwohl es ihr jedes Mal, wenn ihr Fuß die Erde berührte, war,
als ob sie auf scharfe Messer träte.

Nun, hast du den Mut verloren? Strecke deine kleine Zunge hervor, dann schneide ich sie an Zahlung statt ab, und du erhältst den kräftigen Trank!"

„Es geschehe!", sagte die kleine Seejungfer; und die Hexe setzte ihren Kessel auf, um den Zaubertrank zu kochen. „Reinlichkeit ist eine schöne Sache!", sagte sie und scheuerte den Kessel mit den Schlangen ab, die sie zu einem langen Knoten band; dann ritzte sie sich selbst die Brust und ließ ihr schwarzes Blut hineinträufeln. Der Dampf bildete die sonderbarsten Gestalten, sodass einem angst und bange werden musste. Jeden Augenblick warf die Hexe neue Sachen in den Kessel, und als er kochte, war es, als ob ein Krokodil weinte. Endlich war der Trank fertig; er sah wie das klarste Wasser aus.

„Da hast du ihn!", sagte die Hexe und schnitt der kleinen Seejungfer die Zunge ab, die nun stumm war, weder singen noch sprechen konnte.

„Sollten die Polypen dich ergreifen, wenn du durch meinen Wald zurückgehst", sagte die Hexe, „so wirf nur einen einzigen Tropfen dieses Getränkes auf sie: Davon zerspringen ihre Arme und Finger in tausend Stücke!" Aber das brauchte die kleine Meerjungfer nicht zu tun; die Polypen zogen sich erschrocken zurück, da sie den glänzenden Trank erblickten, der in ihrer Hand leuchtete, als sei er ein funkelnder Stern. So kam sie schnell durch den Wald, das Moor und die brausenden Strudel.

Sie konnte ihres Vaters Schloss sehen; die Fackeln waren in dem großen Tanzsaal erloschen; sie schliefen sicher alle drinnen; aber sie wagte doch nicht, sie aufzusuchen, jetzt, da sie stumm war und sie auf immer verlassen wollte. Es war, als ob ihr Herz vor Trauer zerspringen sollte. Sie schlich in den Garten, nahm eine Blume von jedem Blumenbeet ihrer Schwestern, warf Tausende von Kusshändchen dem Schlosse zu und stieg durch die dunkelblaue See hinauf.

Die Sonne war noch nicht aufgegangen, als sie des Prinzen Schloss erblickte und die prächtige Marmortreppe hinaufstieg. Der Mond schien herrlich klar. Die kleine Seejungfer trank den brennenden, scharfen Trank, und es war, als ginge ein zweischneidiges Schwert durch ihren feinen Körper; sie fiel dabei in Ohnmacht und lag wie tot da. Als die Sonne über die See schien, erwachte sie und fühlte einen schneidenden Schmerz; aber gerade vor ihr stand der schöne junge Prinz; er heftete seine schwarzen Augen auf sie, sodass sie die ihren niederschlug und wahrnahm, dass ihr Fischschwanz fort war und sie die niedlichsten, weißen Beine hatte, die nur ein Mädchen haben kann. Aber sie war nackt, deshalb hüllte sie sich in ihr langes Haar ein. Der Prinz fragte, wer sie sei und wie sie hierher gekommen wäre; und sie sah ihn mild und doch gar betrübt mit ihren dunkelblauen Augen an; sprechen konnte sie ja nicht. Da nahm er sie bei der Hand und führte sie in das Schloss hinein. Jeder Schritt, den sie tat, war, wie die Hexe im Voraus gesagt hatte, als trete sie auf spitze Nadeln und Messer; aber das ertrug sie gern; an des Prinzen Hand schritt sie so leicht einher wie eine Seifenblase, und er sowie alle wunderten sich über ihren lieblichen, schwebenden Gang.

Sie bekam nun herrliche Kleider von Seide und Musselin anzuziehen; im Schlosse war sie die Schönste von allen; aber sie war stumm, konnte weder singen noch sprechen. Herrliche Sklavinnen, in Seide und Gold gekleidet, traten auf und sangen vor dem Prinzen und seinen königlichen Eltern; die eine sang schöner als alle anderen, und der Prinz klatschte in die Hände und lächelte sie an. Da wurde die kleine Seejungfer betrübt; sie wusste, dass sie selbst weit schöner gesungen hatte, und dachte: „O, er sollte nur wissen, dass ich, um bei ihm zu sein, meine Stimme für alle Ewigkeit hingegeben habe."

Nun tanzten die Sklavinnen niedliche, schwebende Tänze zur herrlichsten Musik; da erhob die kleine Seejungfer ihre schönen, weißen Arme,

*Sie saß am Bord des Schiffes und starrte durch das klare
Wasser hinunter. Da kamen ihre Schwestern über das Wasser hervor
und schauten sie traurig an und rangen ihre weißen Hände.*

richtete sich auf den Fußspitzen auf und schwebte tanzend über den Fußboden hin, wie noch keine getanzt hatte; bei jeder Bewegung wurde ihre
Schönheit noch sichtbarer, und ihre Augen sprachen tiefer zum Herzen als
der Gesang der Sklavinnen.

Alle waren entzückt davon, besonders der Prinz, der sie sein kleines Findelkind nannte; und sie tanzte mehr und mehr, obwohl es ihr jedes Mal,
wenn ihr Fuß die Erde berührte, war, als ob sie auf scharfe Messer träte.
Der Prinz sagte, dass sie immer bei ihm bleiben solle, und sie erhielt die Erlaubnis, vor seiner Tür auf einem Sammetkissen zu schlafen.

Er ließ ihr eine Männertracht machen, damit sie ihn zu Pferde begleiten
könne. Sie ritten durch die duftenden Wälder, wo die grünen Zweige ihre
Schultern berührten und die Vögel hinter den frischen Blättern sangen. Sie
kletterte mit dem Prinzen auf die hohen Berge hinauf, und obgleich ihre
zarten Füße bluteten, dass selbst die andern es sehen konnten, lachte sie
doch darüber und folgte ihm, bis sie die Wolken unter sich segeln sahen, als
wäre es ein Schwarm Vögel, die nach fremden Ländern ziehen.

Daheim in des Prinzen Schlosse, wenn nachts die andern schliefen, ging
sie auf die breite Marmortreppe hinaus; es kühlte ihre brennenden Füße,
im kalten Seewasser zu stehen, und dann gedachte sie derer dort unten in
der Tiefe.

Einmal des Nachts kamen ihre Schwestern Arm in Arm; traurig sangen sie, indem sie über dem Wasser schwammen; sie winkte ihnen, und
sie erkannten sie und erzählten ihr, wie sehr sie alle betrübt seien. Darauf
besuchte sie dieselben in jeder Nacht, und einmal erblickte sie weit draußen ihre alte Großmutter, die in vielen Jahren nicht über der Meeresfläche gewesen war, und den Meerkönig mit seiner Krone auf dem Haupte;
sie streckten die Hände nach ihr aus, wagten sich aber dem Lande nicht so
nahe wie die Schwestern.

Tag für Tag wurde sie dem Prinzen lieber; er liebte sie, wie man ein gutes, liebes Kind liebt; aber sie zu seiner Königin zu machen kam ihm nicht
in den Sinn; und seine Frau musste sie doch werden, sonst erhielt sie keine

unsterbliche Seele und musste an seinem Hochzeitsmorgen zu Schaum auf
dem Meere werden.

„Liebst du mich nicht am meisten von ihnen allen?", schienen der kleinen Seejungfer Augen zu sagen, wenn er sie in seine Arme nahm und ihre
schöne Stirn küsste.

„Ja, du bist mir die Liebste", sagte der Prinz, „denn du hast das beste
Herz von allen. Du bist mir am meisten ergeben und gleichst einem jungen
Mädchen, das ich einmal sah, aber sicher nie wiederfinde. Ich war auf einem Schiffe, welches strandete; die Wellen warfen mich bei einem heiligen
Tempel an das Land, wo mehrere junge Mädchen den Dienst verrichteten;
die Jüngste dort fand mich am Ufer und rettete mein Leben; ich sah sie nur
zweimal, sie wäre die Einzige, die ich in dieser Welt lieben könnte; aber du
gleichst ihr, und du verdrängst fast ihr Bild aus meiner Seele; sie gehört
dem heiligen Tempel an, und deshalb hat mein gutes Glück dich mir gesen-
det; nie wollen wir uns trennen!"

„Ach, er weiß nicht, dass ich sein Leben gerettet habe!", dachte die kleine Seejungfer. „Ich trug ihn über das Meer zum Walde hin, wo der Tempel
steht; ich saß hier hinter dem Schaume und sah, ob keine Menschen kommen würden. Ich sah das hübsche Mädchen, das er mehr liebt als mich!" Sie
seufzte tief: Weinen konnte sie nicht. „Das Mädchen gehört dem heiligen
Tempel an, hat er gesagt; sie kommt nie in die Welt hinaus; sie begegnen
sich nicht mehr, ich bin bei ihm, sehe ihn jeden Tag; ich will ihn pflegen,
lieben, ihm mein Leben opfern!"

Aber nun sollte der Prinz sich verheiraten und des Nachbarkönigs
schöne Tochter zur Frau bekommen, erzählte man; deshalb rüstete er ein
so prächtiges Schiff aus. Der Prinz reist, um des Nachbarkönigs Länder
zu besichtigen, so heißt es wohl; aber es geschieht, um des Nachbarkönigs
Tochter zu sehen. Ein großes Gefolge soll ihn begleiten. Die kleine Seejungfer schüttelte das Haupt und lächelte; sie kannte des Prinzen Gedanken weit besser als die anderen. „Ich muss reisen!", hatte er zu ihr gesagt.
„Ich muss die schöne Prinzessin sehen; meine Eltern verlangen es; aber

sie wollen mich nicht zwingen, sie als meine Braut heimzuführen. Ich kann sie nicht lieben! Sie gleicht nicht dem schönen Mädchen im Tempel, dem du ähnelst; sollte ich einst eine Braut wählen, so würdest du es eher sein, mein stummes Findelkind mit den sprechenden Augen!" Und er küsste ihren roten Mund, spielte mit ihrem langen Haare und legte sein Haupt an ihr Herz, sodass dieses von Menschenglück und einer unsterblichen Seele träumte.

„Du fürchtest doch das Meer nicht, mein stummes Kind?", sagte er, als sie auf dem prächtigen Schiffe standen, welches ihn nach den Ländern des Nachbarkönigs führen sollte; er erzählte ihr vom Sturme und von der Windstille, von seltsamen Fischen in der Tiefe und von dem, was die Taucher dort gesehen; und sie lächelte bei seiner Erzählung; sie wusste ja besser als sonst jemand, was auf dem Grunde des Meeres vorging.

In der mondhellen Nacht, wenn alle schliefen bis auf den Steuermann, der am Steuerruder stand, saß sie am Bord des Schiffes und starrte durch das klare Wasser hinunter; sie glaubte ihres Vaters Schloss zu erblicken; hoch oben stand die Großmutter mit der Silberkrone aus dem Haupte und starrte durch die reißenden Ströme zu des Schiffes Kiel empor. Da kamen ihre Schwestern über das Wasser hervor und schauten sie traurig an und rangen ihre weißen Hände; sie winkte ihnen, lächelte und wollte erzählen, dass es ihr gut und glücklich ginge; aber der Schiffsjunge näherte sich ihr, und die Schwestern tauchten unter, sodass er glaubte, das Weiße, was er gesehen, sei Schaum auf der See gewesen.

Am nächsten Morgen segelte das Schiff in den Hafen von des Nachbarkönigs prächtiger Stadt. Alle Kirchenglocken läuteten, und von den hohen Türmen wurden die Posaunen geblasen, während die Soldaten mit fliegenden Fahnen und blitzenden Bajonetten dastanden. Jeder Tag führte ein Fest mit sich. Bälle und Gesellschaften folgten einander: Aber die Prinzessin war noch nicht da; sie werde, weit von hier entfernt, in einem heiligen Tempel erzogen, sagten sie; dort lerne sie alle königlichen Tugenden. Endlich traf sie ein.

Noch einmal sah sie mit halb gebrochenen Blicken
auf den Prinzen, stürzte sich vom Schiffe in das Meer hinab
und fühlte, wie ihr Körper sich im Schaum auflöste.

Die kleine Seejungfer war begierig, ihre Schönheit zu sehen, und sie musste solche anerkennen: Eine lieblichere Erscheinung hatte sie noch nie gesehen. Die Haut war fein und klar, und hinter den langen dunklen Augenwimpern lächelte ein paar schwarzblaue, treue Augen.

„Du bist die", sagte der Prinz, „die mich gerettet hat, als ich, einer Leiche gleich, an der Küste lag!" Und er drückte seine errötende Braut in seine Arme. „O, ich bin allzu glücklich!", sagte er zur kleinen Seejungfer. „Das Beste, was ich je hoffen durfte, ist mir in Erfüllung gegangen. Du wirst dich über mein Glück freuen, denn du meinst es am besten mit mir von ihnen allen!" Und die kleine Seejungfer küsste seine Hand, und es kam ihr schon vor, als fühle sie ihr Herz brechen. Sein Hochzeitsmorgen würde ihr ja den Tod geben und sie in Schaum auf dem Meere verwandeln.

Alle Kirchenglocken läuteten, die Herolde ritten in den Straßen umher und verkündeten die Verlobung. Auf allen Altären brannte duftendes Öl in köstlichen Silberlampen. Die Priester schwangen die Rauchfässer, und Braut und Bräutigam reichten einander die Hand und erhielten den Segen des Bischofs. Die kleine Seejungfer war in Seide und Gold gekleidet und hielt die Schleppe der Braut; aber ihre Ohren hörten die festliche Musik nicht, ihr Auge sah die heilige Zeremonie nicht; sie gedachte ihrer Todesnacht und alles dessen, was sie in dieser Welt verloren hatte.

Noch an demselben Abende gingen die Braut und der Bräutigam an Bord des Schiffes; die Kanonen donnerten, alle Flaggen wehten, und mitten auf dem Schiffe war ein köstliches Zelt von Gold und Purpur und mit den schönsten Kissen errichtet: Da sollte das Brautpaar in der kühlen, stillen Nacht schlafen!

Die Segel schwellten im Winde, und das Schiff glitt leicht und ohne große Bewegung über die klare See dahin.

Als es dunkelte, wurden bunte Lampen angezündet, und die Seeleute tanzten lustig auf dem Verdecke. Die kleine Seejungfer musste ihres ersten Auftauchens aus dem Meere gedenken, wo sie dieselbe Pracht und Freude erblickt hatte; und sie wirbelte sich mit im Tanze, schwebte, wie die Schwalbe schwebt, wenn sie verfolgt wird; und alle jubelten ihr Bewunderung zu: Nie hatte sie so herrlich getanzt. Es schnitt ihr wie scharfe Messer in die zarten Füße, aber sie fühlte es nicht; es schnitt ihr noch schmerzlicher durch das Herz. Sie wusste, es sei der letzte Abend, an dem sie ihn erblickte, für den sie ihre Verwandten und ihre Heimat verlassen, ihre schöne Stimme dahingegeben und täglich unendliche Qualen ertragen hatte; ohne dass er es mit einem Gedanken ahnte. Es war die letzte Nacht, dass sie dieselbe Luft mit ihm einatmete, das tiefe Meer und den sternenhellen Himmel erblickte; eine ewige Nacht ohne Gedanken und Traum harrte ihrer, die keine Seele hatte, keine Seele gewinnen konnte. Und alles war Freude und Heiterkeit auf dem Schiffe bis über Mitternacht hinaus; sie lachte und tanzte mit Todesgedanken im Herzen. Der Prinz küsste seine schöne Braut, und sie spielte mit seinem schwarzen Haare, und Arm in Arm gingen sie zur Ruhe in das prächtige Zelt.

Es wurde still auf dem Schiffe, nur der Steuermann stand am Steuerruder, die kleine Seejungfer legte ihre weißen Arme auf den Schiffsbord und blickte gegen Osten nach der Morgenröte; der erste Sonnenstrahl, wusste sie, würde sie töten. Da sah sie ihre Schwestern der Flut entsteigen; die waren bleich wie sie; ihr langes schönes Haar wehte nicht mehr im Winde; es war abgeschnitten.

„Wir haben es der Hexe gegeben, um dir Hilfe bringen zu können, damit du diese Nacht nicht stirbst! Sie hat uns ein Messer gegeben, hier ist es! Siehst du, wie scharf? Bevor die Sonne aufgeht, musst du es in das Herz des Prinzen stoßen, und wenn dann das warme Blut auf deine Füße spritzt, so wachsen diese in einen Fischschwanz zusammen, und du wirst wieder eine Seejungfer, kannst zu uns herabsteigen und lebst deine dreihundert Jahre, bevor du zu totem, salzigem Seeschaume wirst. Beeile dich! Er oder du musst sterben, bevor die Sonne aufgeht! Unsere Großmutter trauert so, dass ihr weißes Haar, wie das unsrige, unter der Schere der Hexe gefallen ist. Töte den Prinzen, und komm zurück! Beeile dich! Siehst du den roten Streifen am Himmel? In wenigen Minuten steigt die Sonne auf, dann musst du sterben!" Und sie stießen einen tiefen Seufzer aus und versanken in den Wogen.

Die kleine Seejungfer zog den Purpurteppich vom Zelte und sah die schöne Braut mit ihrem Haupte an des Prinzen Brust ruhen; und sie bog sich nieder, küsste ihn auf seine schöne Stirn, blickte gen Himmel, wo die Morgenröte mehr und mehr leuchtete; betrachtete das scharfe Messer und heftete die Augen wieder auf den Prinzen, der im Traume seine Braut bei Namen nannte. Nur sie war in seinen Gedanken, und das Messer zitterte in der Hand der Seejungfer. – Aber da warf sie es weit hinaus in die Wogen; sie glänzten rot, wo es hinfiel; es sah aus, als keimten Blutstropfen aus dem Wasser auf. Noch einmal sah sie mit halb gebrochenen Blicken auf den Prinzen, stürzte sich vom Schiffe in das Meer hinab und fühlte, wie ihr Körper sich im Schaum auflöste.

Nun stieg die Sonne aus dem Meere auf: Die Strahlen fielen so mild und warm auf den kalten Meeresschaum, und die kleine Seejungfer fühlte nichts vom Tode. Sie sah die helle Sonne, und über ihr schwebten Hunderte von durchsichtigen, herrlichen Geschöpfen, sie konnte durch dieselben des Schiffes weiße Segel und des Himmels rote Wolken erblicken; die Sprache derselben war melodisch, aber so geisterhaft, dass kein menschliches Ohr sie vernehmen, ebenso wie kein irdisches Auge sie erblicken konnte, ohne Schwingen schwebten sie vermittelst ihrer eigenen Leichtigkeit durch die Luft. Die kleine Seejungfer sah, dass sie einen Körper hatte wie diese, der sich mehr und mehr aus dem Schaume erhob.

„Wo komme ich hin?", fragte sie, und ihre Stimme klang wie die der anderen Wesen, so geisterhaft, dass keine irdische Musik sie wiederzugeben vermag.

„Zu den Töchtern der Luft!", erwiderten die anderen. „Die Seejungfer hat keine unsterbliche Seele und kann sie nie erhalten, wenn sie nicht eines Menschen Liebe gewinnt; von einer fremden Macht hängt ihr ewiges Dasein ab. Die Töchter der Luft haben auch keine unsterbliche Seele, aber sie können durch gute Handlungen sich selbst eine schaffen. Wir fliegen nach den warmen Ländern, wo die schwüle Pestluft den Menschen tötet; dort fächeln wir Kühlung. Wir breiten den Duft der Blumen durch die Luft aus und senden Erquickung und Heilung. Wenn wir dreihundert Jahre lang gestrebt haben, alles Gute, was wir vermögen, zu vollbringen, so erhalten wir eine unsterbliche Seele und nehmen teil am ewigen Glücke der Menschen. Du arme, kleine Seejungfer hast mit ganzem Herzen nach demselben wie wir gestrebt; du hast gelitten und geduldet, hast dich zur Luftgeisterwelt erhoben und kannst nun dir selbst durch gute Werke nach drei Jahrhunderten eine unsterbliche Seele schaffen."

Und die kleine Seejungfer erhob ihre verklärten Augen gegen Gottes Sonne, und zum ersten Male fühlte sie Tränen in ihren Augen. – Auf dem Schiffe waren wieder Lärm und Leben; sie sah den Prinzen mit seiner schönen Braut nach ihr suchen; wehmütig starrten sie den perlenden Schaum an, als ob sie wüssten, dass sie sich in die Fluten gestürzt habe. Unsichtbar küsste sie die Stirn der Braut, fächelte den Prinzen an und stieg mit den übrigen Kindern in die Luft auf die rosenrote Wolke hinauf, welche den Äther durchschiffte.

Die Strahlen fielen so mild und warm auf den kalten
Meeresschaum, und die kleine Seejungfer fühlte nichts vom Tode.
Sie sah die helle Sonne, und über ihr schwebten Hunderte von
durchsichtigen, herrlichen Geschöpfen.

„Nach dreihundert Jahren schweben wir so in das Reich Gottes hinein!"
„Auch können wir noch früher dahin gelangen!", flüsterte eine Tochter der Luft. „Unsichtbar schweben wir in die Häuser der Menschen hinein, wo Kinder sind, und für jeden Tag, an dem wir ein gutes Kind finden, welches seinen Eltern Freude bereitet und deren Liebe verdient, verkürzt Gott unsere Prüfungszeit. Das Kind weiß nicht, wann wir durch die Stube fliegen, und müssen wir aus Freude über dasselbe lächeln, so wird ein Jahr von den dreihundert Jahren abgerechnet; sehen wir aber ein unartiges und böses Kind, so müssen wir Tränen der Trauer vergießen, und jede Träne legt unserer Prüfungszeit einen Tag zu!"

Des Kaisers neue Kleider

1837 war für Andersen ein ereignisreiches Jahr, in dem er neben „Die kleine Seejungfer" auch diese berühmte Satire veröffentlichte, in der ein Kaiser sich von Betrügern beschwatzen lässt, unsichtbare Kleider zu tragen. Wie in „Der Schweinehirt" nimmt Andersen auch hier die Eitelkeit, Verlogenheit und Unfähigkeit der adeligen Klasse aufs Korn. Als Vorlage für dieses weltweit geschätzte Märchen gilt eine spanische Erzählung aus dem Mittelalter, die von einem maurischen König handelt, doch nach Ansicht einiger Historiker datiert das Thema selbst aus dem zweiten Jahrhundert vor Christus. Das Märchen stellt auf humorvolle Weise den Pomp und Prunk eines großspurigen Königs und seiner kriecherischen Berater an den Pranger. Doch damit nicht genug: Gerade als Andersens jüngstes Werk in Druck gehen sollte, fügte er ein neues Ende ein. Ein kleines Kind, das nichts von dem Schwindel weiß, bringt den Streich der Betrüger und die Torheit des nackten Kaisers ans Licht. Mit diesem neuen Schluss sind nun drei Generationen im Spiel: Der Kaiser als der Älteste hat Macht und Status, die Gauner sind gerissen, aber das Kind spricht die Wahrheit. Egal, wie raffiniert die List oder wie groß die ausgeübte Macht, die jüngste Generation wird sich immer durchsetzen. Dieses Ende steht als klassisches Beispiel für Andersens Überzeugung, dass Kinder der Wahrheit am nächsten sind. – ND

Illustrationen von Harry Clarke, Irland, 1916

Aber der Minister konnte nichts sehen, denn es war nichts da.
„Herrgott!", dachte er. „Sollte ich dumm sein?"

or vielen Jahren lebte ein Kaiser, der so ungeheuer viel auf neue Kleider hielt, dass er all sein Geld dafür ausgab, um recht geputzt zu sein. Er kümmerte sich nicht um seine Soldaten, kümmerte sich nicht um das Theater und liebte es nur, spazieren zu fahren, um seine neuen Kleider zu zeigen. Er hatte einen Rock für jede Stunde des Tages, und ebenso, wie man von einem Könige sagt, er ist im Rate, sagte man hier immer: „Der Kaiser ist in der Garderobe!"

In der großen Stadt, in welcher er wohnte, ging es sehr munter zu; an jedem Tage trafen viele Fremde daselbst ein. Eines Tages kamen auch zwei Betrüger an; sie gaben sich für Weber aus und sagten, dass sie das schönste Zeug, das man sich denken könne, zu weben verständen. Die Farben und das Muster wären nicht allein ungewöhnlich schön, sondern die Kleider, die von dem Zeuge genäht würden, besäßen die wunderbare Eigenschaft, dass sie für jeden Menschen unsichtbar wären, der nicht für sein Amt tauge oder der unverzeihlich dumm sei.

„Das wären ja prächtige Kleider", dachte der Kaiser, „wenn ich die anhätte, könnte ich ja dahinterkommen, welche Männer in meinem Reiche zu dem Amte, das sie haben, nicht taugen; ich könnte die Klugen von den Dummen unterscheiden! Ja, das Zeug muss sogleich für mich gewebt werden!" Und er gab den beiden Betrügern viel Handgeld, damit sie ihre Arbeit beginnen möchten.

Sie stellten auch zwei Webstühle auf und taten, als ob sie arbeiteten; aber sie hatten nicht das Geringste auf dem Stuhle. Frischweg verlangten sie die feinste Seide und das prächtigste Gold, das steckten sie in ihre eigenen Taschen und arbeiteten an den leeren Stühlen bis spät in die Nacht hinein.

„Ich möchte doch wohl wissen, wie weit sie mit dem Zeuge sind!", dachte der Kaiser. Aber es war ihm ordentlich beklommen zumute, wenn er daran dachte, dass derjenige, welcher dumm sei oder nicht zu seinem Amte tauge, es nicht sehen könne. Nun glaubte er zwar, dass er für sich selbst

HARRY CLARKE

„Ist das nicht ein hübsches Stück Zeug?", fragten die beiden Betrüger
und zeigten und erklärten das prächtige Muster, welches gar nicht da war.

nichts zu fürchten habe, aber er wollte doch erst einen andern senden, um
zu sehen, wie es damit stände. Alle Menschen in der ganzen Stadt wussten,
welche besondere Kraft das Zeug habe, und alle waren begierig zu sehen,
wie schlecht oder dumm ihr Nachbar sei.

„Ich will meinen alten, ehrlichen Minister zu den Webern senden!", dachte der Kaiser. „Er kann am besten beurteilen, wie das Zeug sich ausnimmt,
denn er hat Verstand, und keiner versteht sein Amt besser als er!"

Nun ging der alte, gute Minister in den Saal hinein, wo die zwei Betrüger saßen und an den leeren Webstühlen arbeiteten. „Gott behüte uns!",
dachte der alte Minister und riss die Augen auf. „Ich kann ja nichts erblicken!" Aber das sagte er nicht.

Beide Betrüger baten ihn, gefälligst näher zu treten, und fragten, ob es nicht ein hübsches Muster und schöne Farben seien. Dann zeigten sie auf den leeren Webstuhl, und der arme, alte Minister fuhr fort, die Augen aufzureißen, aber er konnte nichts sehen, denn es war nichts da. „Herrgott!", dachte er. „Sollte ich dumm sein? Das habe ich nie geglaubt, und das darf kein Mensch wissen! Sollte ich nicht zu meinem Amte taugen? Nein, es geht nicht an, dass ich erzähle, ich könnte das Zeug nicht sehen!"

„Nun, Sie sagen nichts dazu?", fragte der eine, der da webte.

„O, es ist niedlich, ganz allerliebst!", antwortete der alte Minister und sah durch seine Brille. „Dieses Muster und diese Farben! – Ja, ich werde dem Kaiser sagen, dass es mir sehr gefällt."

„Nun, das freut uns!", sagten beide Weber, und darauf nannten sie die Farben mit Namen und erklärten das seltsame Muster. Der alte Minister passte gut auf, damit er dasselbe sagen könnte, wenn er zum Kaiser zurückkäme, und das tat er.

Jetzt verlangten die Betrüger mehr Geld, mehr Seide und mehr Gold, das sie zum Weben gebrauchen wollten. Sie steckten alles in ihre eigenen Taschen, auf den Webstuhl kam kein Faden, aber sie fuhren fort, wie bisher an dem leeren Webstuhle zu arbeiten.

Der Kaiser sendete bald wieder einen andern ehrlichen Staatsmann hin, um zu sehen, wie es mit dem Weben stände und ob das Zeug bald fertig sei. Es ging ihm gerade wie dem Ersten, er sah und sah, weil aber außer dem leeren Webstuhle nichts da war, so konnte er nichts sehen.

„Ist das nicht ein hübsches Stück Zeug?", fragten die beiden Betrüger und zeigten und erklärten das prächtige Muster, welches gar nicht da war.

„Dumm bin ich nicht!", dachte der Mann. „Es ist also mein gutes Amt, zu dem ich nicht tauge. Es ist komisch genug, aber das muss man sich nicht merken lassen!", und so lobte er das Zeug, welches er nicht sah, und versicherte ihnen seine Freude über die schönen Farben und das herrliche Muster. „Ja, es ist ganz allerliebst!", sagte er zum Kaiser.

Alle Menschen in der Stadt sprachen von dem prächtigen Zeuge.

„Ei, wie gut sie kleiden! Wie herrlich sie sitzen!", sagten alle.
„Welches Muster, welche Farben! Das ist eine köstliche Tracht!"

Nun wollte der Kaiser es selbst sehen, während es noch auf dem Web-stuhle sei. Mit einer ganzen Schar auserwählter Männer, unter denen auch die beiden ehrlichen Staatsmänner waren, die schon früher dort ge-wesen, ging er zu den beiden listigen Betrügern hin, die nun aus allen Kräften webten, aber ohne Faser und Faden.

„Ist das nicht prächtig?", sagten die beiden alten Staatsmänner, die schon einmal da gewesen waren. „Sehen Euer Majestät, welches Muster, welche Farben!" Und dann zeigten sie auf den leeren Webstuhl, denn sie glaubten, dass die andern das Zeug wohl sehen könnten.

„Was!", dachte der Kaiser. „Ich sehe gar nichts! Das ist ja schreck-lich! Bin ich dumm? Tauge ich nicht dazu, Kaiser zu sein? Das wäre das Schrecklichste, was mir begegnen könnte." – „O, es ist sehr hübsch!", sagte er. „Es hat meinen allerhöchsten Beifall!" Und er nickte zufrieden und be-trachtete den leeren Webstuhl, denn er wollte nicht sagen, dass er nichts sehen könne. Das ganze Gefolge, das er bei sich hatte, sah und sah und be-kam nicht mehr heraus als alle die andern, aber sie sagten wie der Kaiser: „O, das ist hübsch!" Und sie rieten ihm, diese neuen, prächtigen Kleider das erste Mal bei der großen Prozession, die bevorstand, zu tragen. „Es ist herrlich, niedlich, exzellent!", ging es von Mund zu Mund; man schien al-lerseits innig erfreut darüber, und der Kaiser verlieh den Betrügern den Titel „Kaiserliche Hofweber".

Die ganze Nacht vor dem Morgen, an dem die Prozession stattfinden sollte, waren die Betrüger auf und hatten über sechzehn Lichter ange-zündet. Die Leute konnten sehen, dass sie stark beschäftigt waren, des Kaisers neue Kleider fertig zu machen. Sie taten, als ob sie das Zeug von dem Webstuhle nähmen, sie schnitten mit großen Scheren in die Luft, sie nähten mit Nähnadeln ohne Faden und sagten zuletzt: „Nun sind die Kleider fertig!"

Der Kaiser kam mit seinen vornehmsten Kavalieren selbst dahin, und beide Betrüger hoben den einen Arm in die Höhe, gerade als ob sie etwas hielten, und sagten: „Seht, hier sind die Beinkleider! Hier ist der Rock!

Hier der Mantel!", und so weiter. „Es ist so leicht wie Spinngewebe, man sollte glauben, man habe nichts auf dem Leibe, aber das ist gerade die Schönheit davon!"

„Ja!", sagten alle Kavaliere; aber sie konnten nichts sehen, denn es war nichts da.

„Belieben Euer Kaiserliche Majestät jetzt Ihre Kleider allergnädigst auszuziehen", sagten die Betrüger, „so wollen wir Ihnen die neuen anziehen, hier vor dem großen Spiegel!"

Der Kaiser legte alle seine Kleider ab, und die Betrüger stellten sich, als ob sie ihm jedes Stück der neuen Kleider anzögen, welche fertig wären; und der Kaiser wendete sich und drehte sich vor dem Spiegel.

„Ei, wie gut sie kleiden! Wie herrlich sie sitzen!", sagten alle.

„Welches Muster, welche Farben! Das ist eine köstliche Tracht!"

„Draußen stehen sie mit dem Thronhimmel, welcher über Euer Majestät in der Prozession getragen werden soll", meldete der Oberzeremonienmeister.

„Seht, ich bin fertig!", sagte der Kaiser. „Sitzt es nicht gut?" Und dann wendete er sich nochmals zu dem Spiegel, denn es sollte scheinen, als ob er seinen Schmuck recht betrachte.

Die Kammerherren, welche die Schleppe tragen sollten, griffen mit den Händen nach dem Fußboden, gerade als ob sie die Schleppe aufhöben; sie gingen und taten, wie wenn sie etwas in der Luft hielten; sie wagten nicht, es sich merken zu lassen, dass sie nichts sehen konnten.

So ging der Kaiser in Prozession unter dem prächtigen Thronhimmel, und alle Menschen auf der Straße und in den Fenstern sprachen: „Gott, wie sind des Kaisers neue Kleider unvergleichlich; welche Schleppe der am Kleide hat, wie schön das sitzt!" Keiner wollte es sich merken lassen, dass er nichts sehe, denn dann hätte er ja nicht zu seinem Amte getaugt oder wäre sehr dumm gewesen. Keine Kleider des Kaisers hatten solches Glück gemacht wie diese.

„Aber er hat ja nichts an!", sagte endlich ein kleines Kind. „Herrgott, hört des Unschuldigen Stimme!", sagte der Vater; und der eine zischelte dem andern zu, was das Kind gesagt hatte.

„Aber er hat ja nichts an!", rief zuletzt das ganze Volk. Das ergriff den Kaiser, denn es schien ihm, als hätten sie recht, aber er dachte bei sich: „Nun muss ich die Prozession aushalten." Und die Kammerherren gingen noch straffer und trugen die Schleppe, die gar nicht da war.

Der standhafte Zinnsoldat

Diese anrührende Geschichte über einen Zinnsoldaten, dessen schmachtende Liebe zu einer Papierballerina ihn durch eine Reihe widriger Abenteuer trägt, greift zwei Themen auf, die Andersen besonders am Herzen lagen – die Liebe und den Balletttanz. Als das Märchen 1838 erschien, vollzog sich in der Welt des Balletts gerade ein nie gesehener Wandel: Nach Jahrhunderten männlicher Vorherrschaft wurden Ballerinen die neuen Stars der Tanzkunst. Der Wendepunkt kam 1832 mit Marie Taglionis Pariser Sensationserfolg als *La Sylphide (Die Sylphe)*. Das Publikum war wie elektrisiert von diesem neuen Typus der Spitzentänzerin in weißem Tüll – „einer poetischen Vision des Ätherischen", wie die Ballettexpertin Jennifer Homans schreibt. Andersen, der in jungen Jahren selbst Ambitionen als Schauspieler und Balletttänzer gehabt hatte, war entzückt und verwendete das Motiv vielfach in Scherenschnitten wie den auf Seite 19 gezeigten. Zum tragischen Schluss des Märchens vergleicht er seine zarte Papierfigur mit einer „Sylphide", worin sich die Vorliebe der Romantik für Naturgeister verrät. In dieser Epoche der Kunst hatten Märchen und Balletttanz noch weitere Themen gemeinsam: unglückliche Liebe, alles verzehrende Leidenschaft, hehre Ideale, die durch gesellschaftliche Erwartungen untergraben werden. Andersen stellte der Ballerina einen einbeinigen Spielzeugsoldaten zur Seite, als Symbol für unerschütterliches Soldatentum und die schmerzliche Wehrlosigkeit des Kriegsveteranen. – ND

Tuschezeichnung und aquarellierte Tuschezeichnung von Kay Nielsen, Dänemark, 1924

s waren einmal fünfundzwanzig Zinnsoldaten, alle Brüder, denn sie waren von einem alten zinnernen Löffel geboren. Das Gewehr hielten sie im Arme und das Gesicht geradeaus; rot und blau war ihre Uniform. Das Erste, was sie in dieser Welt hörten, als der Deckel von der Schachtel genommen wurde, in der sie lagen, war das Wort: „Zinnsoldaten!" Das rief ein kleiner Knabe und klatschte in die Hände; er hatte sie bekommen, denn es war sein Geburtstag, und stellte sie nun auf dem Tische auf. Der eine Soldat glich dem andern leibhaftig, nur ein einziger war zuletzt gegossen, und da hatte das Zinn nicht ausgereicht, doch stand er ebenso fest auf seinem einen Beine als die andern auf ihren zweien, und grade er ist es, der merkwürdig wurde.

Auf dem Tische, auf welchem sie aufgestellt wurden, stand viel anderes Spielzeug; aber das, was am meisten in die Augen fiel, war ein niedliches Schloss von Papier. Durch die kleinen Fenster konnte man in die Säle hineinsehen. Vor dem Schlosse standen kleine Bäume rings um einen kleinen Spiegel, der wie ein klarer See aussah. Schwäne von Wachs schwammen darauf und spiegelten sich. Das war alles niedlich, aber das Niedlichste war doch eine kleine Dame, die mitten in der offenen Schlosstüre stand. Sie war auch aus Papier geschnitten, aber sie hatte einen Rock vom klarsten Linnen an und ein kleines, schmales, blaues Band über die Schultern, ähnlich einem Gewande; mitten in diesem saß eine glänzende Flitterrose, so groß wie ihr ganzes Gesicht. Die kleine Dame streckte ihre beiden Arme aus, denn sie war Tänzerin; und dann hob sie das eine Bein so hoch empor, dass der Zinnsoldat es durchaus nicht finden konnte und glaubte, dass sie, wie er, nur ein Bein habe.

„Das wäre eine Frau für mich!", dachte er. „Aber sie ist sehr vornehm, sie wohnt in einem Schlosse, ich habe nur eine Schachtel, und da sind wir fünfundzwanzig drin; das ist kein Ort für sie! Doch ich muss mit ihr Bekanntschaft machen!" Dann legte er sich, so lang er war, hinter eine Schnupftabaksdose, welche auf dem Tische stand; da konnte er die kleine feine Dame

Jetzt schlug die Uhr zwölf, und klatsch!, da sprang der Deckel
von der Schnupftabaksdose, aber es war kein Tabak drin,
sondern ein kleiner schwarzer Kobold, das war ein Kunststück.

recht betrachten, die fortfuhr, auf einem Beine zu stehen, ohne aus dem Gleichgewichte zu kommen.

Als es Abend wurde, kamen alle die andern Zinnsoldaten in ihre Schachtel, und die Leute im Hause gingen zu Bette. Nun fing das Spielzeug an zu spielen, sowohl „Es kommt Besuch" als auch „Krieg führen und Ball geben". Die Zinnsoldaten rasselten in der Schachtel, denn sie wollten mit dabei sein, aber sie konnten den Deckel nicht abheben. Der Nussknacker machte Purzelbäume, und der Griffel belustigte sich auf der Tafel; es war ein Lärm, dass der Kanarienvogel davon erwachte und anfing mitzusprechen, und zwar in Versen. Die beiden Einzigen, die sich nicht von der Stelle bewegten, waren der Zinnsoldat und die Tänzerin; sie hielt sich gerade auf einer Fußzehenspitze und hatte beide Arme ausgestreckt, er war ebenso standhaft auf seinem einen Beine; seine Augen wandte er keinen Augenblick von ihr.

Jetzt schlug die Uhr zwölf, und klatsch!, da sprang der Deckel von der Schnupftabaksdose, aber es war kein Tabak drin, sondern ein kleiner schwarzer Kobold, das war ein Kunststück.

„Zinnsoldat!", sagte der Kobold. „Sieh doch nicht nach dem, was dich nichts angeht!"

Aber der Zinnsoldat tat, als ob er es nicht hörte.

„Ja, warte nur bis morgen!", sagte der Kobold.

Als es nun Morgen wurde und die Kinder aufstanden, wurde der Zinnsoldat in das Fenster gestellt, und, war es nun der Kobold oder der Zugwind, auf einmal flog das Fenster auf und der Soldat fiel Hals über Kopf aus dem dritten Stockwerke hinunter. Das war eine schreckliche Fahrt! Er streckte das Bein gerade in die Höhe und blieb auf dem Tschako mit dem Bajonett zwischen den Pflastersteinen stecken.

Das Dienstmädchen und der kleine Knabe kamen sogleich herunter, ihn zu suchen; obgleich sie nun nahe daran waren, auf ihn zu treten, sahen sie ihn doch nicht. Hätte der Zinnsoldat gerufen: „Hier bin ich!", so hätten sie ihn wohl gefunden; aber er fand es nicht für passend, laut zu schreien, weil er in Uniform war.

Nun fing es an zu regnen; bald fielen die Tropfen dichter; endlich wurde es ein Platzregen. Als er vorüber war, kamen zwei Straßenbuben.

„Sieh einmal!", sagte der eine. „Da liegt ein Zinnsoldat! Der muss hinaus und auf dem Kahne fahren!"

Da machten sie einen Kahn von einer Zeitung, setzten den Soldaten mitten in denselben, und nun segelte er den Rinnstein hinunter; beide Knaben liefen nebenher und klatschten in die Hände. Gott bewahre uns! Was für Wellen schlugen in dem Rinnsteine, und welch ein Strom war da; ja, der Regen hatte aber auch geflutet! Das Papierboot schaukelte auf und nieder, und mitunter drehte es sich so geschwind, dass der Zinnsoldat bebte; aber er blieb standhaft, verzog keine Miene, sah geradeaus und hielt das Gewehr im Arme. Mit einem Male trieb der Kahn unter eine lange Rinnsteinbrücke, da wurde es so dunkel, als wäre er in seiner Schachtel.

„Wohin mag ich nun kommen?", dachte er. „Ja, ja, daran ist der Kobold schuld! Ach, säße doch die kleine Dame hier im Kahne, da möchte es hier meinetwegen noch einmal so dunkel sein!"

Da kam plötzlich eine große Wasserratte, welche unter der Rinnsteinbrücke wohnte.

„Hast du einen Pass?", fragte die Ratte. „Her mit dem Passe!"

Aber der Zinnsoldat schwieg und hielt das Gewehr noch fester.

Der Kahn fuhr fort und die Ratte hinterher. Hu! Wie fletschte sie die Zähne und rief den Holzspänen und dem Stroh zu:

„Haltet ihn! Haltet ihn! Er hat keinen Zoll bezahlt! Er hat den Pass nicht gezeigt!"

Nun ging das Papier entzwei, und der Zinnsoldat stürzte hinab –
wurde aber augenblicklich von einem großen Fische verschlungen.

Aber die Strömung wurde stärker und stärker; der Zinnsoldat konnte schon da, wo die Brücke aufhörte, den hellen Tag erblicken; allein er hörte auch einen brausenden Ton, der wohl einen tapfern Mann erschrecken konnte. Man denke nur: Die Gosse mündete da, wo die Brücke endete, in einen großen Kanal ein. Das wäre für ihn ebenso gefährlich gewesen als für uns, einen großen Wasserfall hinunterzufahren.

Nun war er schon so nahe daran, dass er nicht mehr anhalten konnte. Der Kahn fuhr hinaus, der arme Zinnsoldat hielt sich so steif, wie er konnte; niemand sollte ihm nachsagen, dass er mit den Augen blinke. Der Kahn schnurrte drei, vier Mal herum und war bis zum Rande mit Wasser gefüllt: Er musste sinken! Der Zinnsoldat stand bis an den Hals im Wasser, und tiefer und tiefer sank der Kahn, mehr und mehr löste das Papier sich auf; nun ging das Wasser über des Soldaten Kopf. – Da dachte er an die kleine niedliche Tänzerin, die er nie mehr zu Gesicht bekommen sollte; und es klang vor seinen Ohren:

„Fahre hin, o Kriegesmann!
Den Tod musst du erleiden!"

Nun ging das Papier entzwei, und der Zinnsoldat stürzte hinab – wurde aber augenblicklich von einem großen Fische verschlungen.

O, wie dunkel war es im Fischleibe! Da war es noch finsterer als unter der Rinnsteinbrücke; und dann war es da sehr enge. Aber der Zinnsoldat blieb standhaft und lag, so lang er war, mit dem Gewehr im Arme.

Da ging plötzlich eine Tür auf, und sie flog,
einer Sylphide gleich, in den Ofen zum Zinnsoldaten,
loderte in Flammen auf, und fort war sie.

Der Fisch schwamm hin und her; er machte die schrecklichsten Bewegungen; endlich wurde er ganz still; es durchfuhr ihn wie ein Blitzstrahl; das Licht schien klar, und eine Stimme rief laut: „Der Zinnsoldat!" Der Fisch war gefangen, auf den Markt gebracht, verkauft und in die Küche hinaufgekommen, wo die Köchin ihn mit einem großen Messer aufschnitt. Sie fasste mit ihren beiden Fingern den Soldaten mitten um den Leib und trug ihn in die Stube hinein, wo alle einen solchen merkwürdigen Mann sehen wollten, der im Magen eines Fisches herumgereist war; aber der Zinnsoldat war nicht stolz. Sie stellten ihn auf den Tisch und da – nein, wie sonderbar kann es doch in der Welt zugehen! Der Zinnsoldat war in derselben Stube, in der er früher gewesen war; er sah dieselben Kinder, und dasselbe Spielzeug stand auf dem Tische: das herrliche Schloss mit der niedlichen, kleinen Tänzerin. Sie hielt sich noch auf dem einen Beine und hatte das andere hoch in der Luft: Sie war auch standhaft. Das rührte den Zinnsoldaten; er war nahe daran, Zinn zu weinen, aber es passte sich nicht. Er sah sie an, aber sie sagte nichts.

Da nahm der eine der kleinen Knaben den Soldaten und warf ihn in den Ofen und gab keinen Grund dafür an; es war sicher der Kobold in der Dose, der Schuld daran war.

Der Zinnsoldat stand beleuchtet da und fühlte eine Hitze, die schrecklich war; aber ob sie von dem wirklichen Feuer oder von der Liebe herrührte, wusste er nicht. Die Farben waren von ihm abgegangen; ob das auf der Reise geschehen oder ob der Kummer daran schuld war, konnte niemand sagen. Er sah die kleine Dame an, sie blickte ihn an, und er fühlte, dass er schmolz; aber noch stand er standhaft mit dem Gewehr im Arme. Da ging plötzlich eine Tür auf, der Wind ergriff die Tänzerin, und sie flog, einer Sylphide gleich, in den Ofen zum Zinnsoldaten, loderte in Flammen auf, und fort war sie. Da schmolz der Zinnsoldat zu einem Klumpen, und als das Mädchen am folgenden Tage die Asche herausnahm, fand sie ihn als ein kleines Herz. Von der Tänzerin hingegen war nur die Flitterrose da, welche kohlschwarz gebrannt war.

Die Schneekönigin

Diese Geschichte, erschienen 1844 als eines der längsten Andersen-Märchen, erzählt in sieben Teilen von der Suche der kleinen Gerda nach ihrem besten Freund Kay, der von der Schneekönigin entführt wurde. Im Lauf der Erzählung treten bunte Gestalten und Naturgeister auf, wie sie Andersen seit seiner Kindheit durch mündliche Erzählungen vertraut waren: der Teufel samt seinen Kobolden, eine gute Hexe, ein Räubermädchen, Ungeheuer in Schneeflockengestalt, Engel und viele mehr. Andersen ersinnt eine eigene Welt aus Schnee, um ein moralisches Dilemma zu veranschaulichen: Im eisigen Reich der Schneekönigin sind alle Herzen gefroren, es gibt keinerlei zwischenmenschliche Beziehungen, Familienbande werden durchtrennt – kurz gesagt, Liebe und Selbstbewusstsein existieren nicht mehr. Andersen scheint uns Leser zu fragen, wie wir uns dem Wissen der Welt öffnen können, ohne dabei aus den Augen zu verlieren, wer wir selbst sind (die wir ja, in seinen Worten, immer „Kinder im Herzen" bleiben). Das Märchen beginnt mit einer originellen Geschichte darüber, wie das Böse in die Welt kam: Der Teufel macht einen Zauberspiegel, der alles nur hässlich zeigt; als der Spiegel zerbricht, streuen die Scherben das Schlechte weiter aus. Andersens typischer Witz blitzt dabei überall in der Geschichte auf. Als er die Schneekönigin trifft, versucht der verängstigte Kay zu beten, doch „er konnte sich nur des großen Einmaleins entsinnen". – ND

Zweifarbige Zeichnungen von Katharine Beverley und Elizabeth Ellender, Herkunft unbekannt, 1929

Da erzitterte der Spiegel so fürchterlich in seinem Grinsen,
dass er ihren Händen entfiel und zur Erde fiel, wo er in hundert Millionen,
Billionen und noch mehr Stücke zersprang.

Erste Geschichte,
welche von dem Spiegel und den Scherben handelt

 eht! Nun fangen wir an. Wenn wir am Ende der Geschichte sind, wissen wir mehr als jetzt, denn es war ein böser Kobold! Er war einer der allerärgsten, er war der Teufel! Eines Tags war er recht bei Laune, denn er hatte einen Spiegel gemacht, welcher die Eigenschaft besaß, dass alles Gute und Schöne, was sich darin spiegelte, fast zu nichts zusammenschwand, aber das, was nichts taugte und sich schlecht ausnahm, hervortrat und noch ärger wurde. Die herrlichsten Landschaften sahen wie gekochter Spinat darin aus, und die besten Menschen wurden widerlich oder standen auf dem Kopfe ohne Rumpf; die Gesichter wurden so verdreht, dass sie nicht zu erkennen waren, und hatte man eine Sommersprosse, so konnte man überzeugt sein, dass sie sich über Nase und Mund ausbreitete. Das sei äußerst belustigend, sagte der Teufel. Fuhr nun ein guter frommer Gedanke durch einen Menschen, dann zeigte sich ein Grinsen im Spiegel, sodass der Teufel über seine künstliche Erfindung lachen musste. Die, welche die Koboldschule besuchten – denn er hielt Koboldschule –, erzählten überall, dass ein Wunder geschehen sei; nun könnte man erst sehen, meinten sie, wie die Welt und die Menschen wirklich aussähen. Sie liefen mit dem Spiegel umher, und zuletzt gab es kein Land und keinen Menschen mehr, welcher nicht verdreht darin gesehen wäre. Nun wollten sie auch zum Himmel selbst auffliegen, um sich über die Engel und den lieben Gott lustig zu machen. Je höher sie mit dem Spiegel flogen, um so mehr grinste er; sie konnten ihn kaum festhalten; sie flogen höher und höher, Gott und den Engeln näher; da erzitterte der Spiegel so fürchterlich in seinem Grinsen, dass er ihren Händen entfiel und zur Erde fiel, wo er in hundert Millionen, Billionen und noch mehr Stücke zersprang. Und nun gerade verursachte er weit größeres Unglück als zuvor, denn einige Stücke waren kaum so groß als ein Sandkorn; diese flogen nun in die weite Welt, und wo jemand sie in das Auge bekam, da blieben sie sitzen, und da sahen die Menschen alles verkehrt,

oder hatten nur Augen für das Verkehrte bei einer Sache; denn jede kleine Spiegelscherbe behielt dieselben Kräfte, welche der ganze Spiegel besessen hatte. Einige Menschen bekamen sogar eine Spiegelscherbe in das Herz, dann aber war es ganz entsetzlich; das Herz wurde einem Klumpen Eis gleich. Einige Spiegelscherben waren so groß, dass sie zu Fensterscheiben verbraucht wurden; aber durch diese Scheiben taugte es nicht, seine Freunde zu betrachten; andere Stücke kamen in Brillen, und dann ging es schlecht, wenn die Leute diese Brillen aufsetzten, um recht zu sehen und gerecht zu sein; der Böse lachte, dass ihm der Bauch wackelte, und das kitzelte ihn so angenehm. Aber draußen flogen noch kleine Glasscherben in der Luft umher. Nun, wir werden's hören!

Zweite Geschichte
Ein kleiner Knabe und ein kleines Mädchen

Drinnen in der großen Stadt, wo so viele Menschen und Häuser sind, dass dort nicht Platz genug ist, damit alle Leute einen kleinen Garten besitzen können, und wo sich deshalb die meisten mit Blumen in Blumentöpfen begnügen müssen, waren zwei arme Kinder, die einen etwas größeren Garten als einen Blumentopf besaßen. Sie waren nicht Bruder und Schwester, aber sie waren sich ebenso gut, als wenn sie es wären. Die Eltern wohnten einander gerade gegenüber in zwei Dachkammern. Da, wo das Dach des einen Nachbarhauses gegen das andere stieß und die Wasserrinne zwischen den Dächern entlanglief, war in jedem Hause ein kleines Fenster; man brauchte nur über die Rinne zu schreiten, so konnte man von dem einen Fenster zu dem andern gelangen.

Beider Eltern hatten draußen einen großen hölzernen Kasten, und darin wuchsen Küchenkräuter, die sie gebrauchten, und ein kleiner Rosenstock; in jedem Kasten stand einer; die wuchsen herrlich! Nun fiel es den Eltern ein, die Kasten quer über die Rinne zu stellen, sodass sie fast von dem einen Fenster zum andern reichten und zwei Blumenwällen ganz ähnlich sahen. Erbsenranken hingen über die Kasten herab, und die Rosenstöcke schossen

Die Rosenstöcke schossen lange Zweige,
die sich um die Fenster rankten und einander entgegenbogen;
es war fast einer Ehrenpforte von Blättern und Blumen gleich.

lange Zweige, die sich um die Fenster rankten und einander entgegenbogen; es war fast einer Ehrenpforte
von Blättern und Blumen gleich. Da
die Kasten sehr hoch waren und die
Kinder wussten, dass sie nicht hin-
aufkriechen durften, so erhielten sie
oft die Erlaubnis, zueinander hin-
auszusteigen und auf ihren kleinen
Schemeln unter den Rosen zu sitzen;
da spielten sie dann prächtig.

Im Winter hatte dieses Vergnügen
ein Ende. Die Fenster waren oft ganz
zugefroren; aber dann wärmten sie
Kupferschillinge auf dem Ofen und
legten den warmen Schilling gegen
die gefrorene Scheibe; dadurch ent-
stand ein schönes Guckloch, so rund,
so rund; dahinter blitzte ein lieblich
mildes Auge, eins vor jedem Fenster; das waren der kleine Knabe und das
kleine Mädchen. Er hieß Kay, und sie hieß Gerda. Im Sommer konnten sie
mit einem Sprunge zueinander gelangen, im Winter mussten sie erst die vielen Treppen herunter und die Treppen hinauf; draußen stob der Schnee.

„Das sind die weißen Bienen, die schwärmen", sagte die alte Großmutter.

„Haben sie auch eine Bienenkönigin?", fragte der kleine Knabe, denn er
wusste, dass unter den wirklichen Bienen eine solche ist.

„Die haben sie!", sagte die Großmutter. „Sie fliegt dort, wo sie am dich-
testen schwärmen! Es ist die größte von allen, und nie bleibt sie still auf der
Erde; sie fliegt wieder in die schwarze Wolke hinauf. Manche Mitternacht
fliegt sie durch die Straßen der Stadt und blickt zu den Fenstern hinein,
und dann frieren diese so sonderbar und sehen wie Blumen aus."

Kay und Gerda sahen in das Bilderbuch,
als Kay sagte: „Au! Es stach mich in das Herz,
und mir flog etwas in das Auge!"

„Ja, das haben wir gesehen!", sagten beide Kinder und wussten nun, dass es wahr sei.

„Kann die Schneekönigin hier hereinkommen?", fragte das kleine Mädchen.

„Lass sie nur kommen!", sagte der Knabe. „Dann setze ich sie auf den warmen Ofen, und sie schmilzt."

Aber die Großmutter glättete sein Haar und erzählte andere Geschichten.

Am Abend, als der kleine Kay zu Hause und halb entkleidet war, kletterte er auf den Stuhl am Fenster und guckte durch das kleine Loch; einige Schneeflocken fielen draußen, und eine derselben, die größte, blieb auf dem Rande des einen Blumenkastens liegen; die Schneeflocke wuchs mehr und mehr und wurde zuletzt wie eine ganze Jungfrau, in den feinsten weißen Flor gekleidet, der aus Millionen sternartigen Flocken zusammengesetzt war. Sie war so schön und fein, aber von Eis, von blendendem, blinkendem Eise. Doch sie war lebendig; die Augen blitzten wie zwei klare Sterne; aber es war keine Ruhe oder Rast in ihnen. Sie nickte dem Fenster zu und winkte mit der Hand. Der kleine Knabe erschrak und sprang vom Stuhle herunter; da war es, als ob draußen vor dem Fenster ein großer Vogel vorbeiflöge.

Am nächsten Tage wurde es klarer Frost – und dann kam das Frühjahr; die Sonne schien, das Grün keimte hervor, die Schwalben bauten Nester, die Fenster wurden geöffnet, und die kleinen Kinder saßen wieder in ihrem kleinen Garten hoch oben in der Dachrinne über allen Stockwerken.

Wie prachtvoll blühten die Rosen diesen Sommer! Das kleine Mädchen hatte einen Psalm gelernt, in welchem auch von Rosen die Rede war; und bei den Rosen dachte sie an ihre eigenen; und sie sang ihn dem kleinen Knaben vor, und er sang mit:

„Die Rosen, sie verblüh'n und verwehen,
Wir werden das Christkindlein sehen!"

Und die Kleinen hielten einander bei den Händen, küssten die Rosen, blickten in Gottes hellen Sonnenschein hinein und sprachen zu demselben, als ob das Jesuskind da wäre. Was waren das für herrliche Sommertage; wie schön war es draußen bei den frischen Rosenstöcken, welche zu blühen nie aufhören zu wollen schienen!

Kay und Gerda sahen in das Bilderbuch mit Tieren und Vögeln, da war es – die Uhr schlug gerade fünf auf dem großen Kirchturme –, als Kay sagte: „Au! Es stach mich in das Herz, und mir flog etwas in das Auge!"

Das kleine Mädchen fiel ihm um den Hals; er blinzelte mit den Augen; nein, es war nichts zu sehen.

„Ich glaube, es ist weg!", sagte er; aber weg war es doch nicht. Es war gerade so eins von jenen Glaskörnern, welche vom Spiegel gesprungen waren, dem Zauberspiegel – wir entsinnen uns seiner wohl –, dem hässlichen Glase, welches alles Große und Gute, das sich darin abspiegelte, klein und hässlich machte; aber das Böse und Schlechte trat recht hervor, und jeder Fehler an einer Sache war gleich zu bemerken. Der arme Kay hatte auch ein Körnchen gerade in das Herz hinein bekommen. Das wird nun bald wie ein Eisklumpen werden. Nun tat es nicht mehr weh, aber das Körnchen war da.

„Weshalb weinst du?", fragte er. „So siehst du hässlich aus!" „Mir fehlt ja nichts!" „Pfui!", rief er auf einmal. „Die Rose dort hat einen Wurmstich! Und sieh, diese da ist ganz schief! Im Grunde sind es hässliche Rosen! Sie gleichen dem Kasten, in welchem sie stehen!"

Und dann stieß er mit dem Fuße gegen den Kasten und riss die beiden Rosen ab.

„Kay, was machst du?", rief das kleine Mädchen; und als er ihren Schrecken gewahrte, riss er noch eine Rose ab und sprang dann in sein Fenster hinein von der kleinen, lieblichen Gerda fort.

Wenn sie später mit dem Bilderbuche kam, sagte er, dass das für Wickelkinder wäre; und erzählte die Großmutter Geschichten, so kam er immer mit einem Aber – konnte er dazu gelangen, dann ging er hinter ihr her, setzte eine Brille auf und sprach ebenso wie sie; das machte er ganz treffend, und die Leute lachten über ihn. Bald konnte er die Sprache und den Gang aller Menschen in der ganzen Straße nachahmen. Alles, was an ihnen eigentümlich und unschön war, das wusste Kay nachzuahmen; und die Leute sagten: „Das ist sicher ein ausgezeichneter Kopf, den der Knabe hat!" Aber es war das Glas, welches ihm in dem Herzen saß; daher kam es auch, dass er selbst die kleine Gerda neckte, die ihm von ganzem Herzen gut war.

Seine Spiele wurden nun anders als früher; sie wurden ganz verständig. – An einem Wintertage, wo es schneite, kam er mit einem großen Brennglase, hielt seinen blauen Rockzipfel heraus und ließ die Schneeflocken dara
uffallen.

„Sieh nun in das Glas, Gerda!", sagte er; und jede Schneeflocke wurde viel größer und sah aus wie eine prächtige Blume oder ein zehneckiger Stern; es war schön anzusehen. „Siehst du, wie künstlich!", sagte Kay. „Das ist weit interessanter als die wirklichen Blumen! Und es ist kein einziger Fehler daran; sie sind ganz regelmäßig. Wenn sie nur nicht schmelzen!"

Bald darauf kam Kay mit großen Handschuhen und seinem Schlitten auf dem Rücken; er rief Gerda in die Ohren: „Ich habe Erlaubnis erhalten, auf dem großen Platze zu fahren, wo die anderen Knaben spielen", und weg war er.

Dort auf dem Platze banden die kecksten Knaben oft ihre Schlitten an den Wagen der Landleute fest, und dann fuhren sie ein gutes Stück Wegs mit. Das ging recht schön. Als sie im besten Spielen waren, kam ein großer Schlitten; der war ganz weiß angestrichen, und darin saß jemand, in einen rauen weißen Pelz gehüllt und mit einer rauen weißen Mütze auf dem Kopfe; der Schlitten fuhr zwei Mal um den Platz herum, und Kay band

„Sieh nun in das Glas, Gerda!", sagte er;
und jede Schneeflocke wurde viel größer und sah aus wie
eine prächtige Blume oder ein zehneckiger Stern.

seinen kleinen Schlitten schnell daran fest, und nun fuhr er mit. Es ging
rascher und rascher, gerade hinein
in die nächste Straße. Der, welcher
fuhr, drehte sich um, nickte dem
Kay freundlich zu; es war, als ob sie
einander kennten; jedes Mal, wenn
Kay seinen kleinen Schlitten ab-
binden wollte, nickte der Fahrende
wieder, und dann blieb Kay sitzen;
sie fuhren zum Stadttore hinaus.
Da begann der Schnee so dicht nie-
derzufallen, dass der kleine Knabe
keine Hand vor sich erblicken konnte; aber er fuhr weiter; nun ließ er
schnell die Schnur fahren, um von
dem großen Schlitten loszukommen,
doch das half nichts, sein kleines

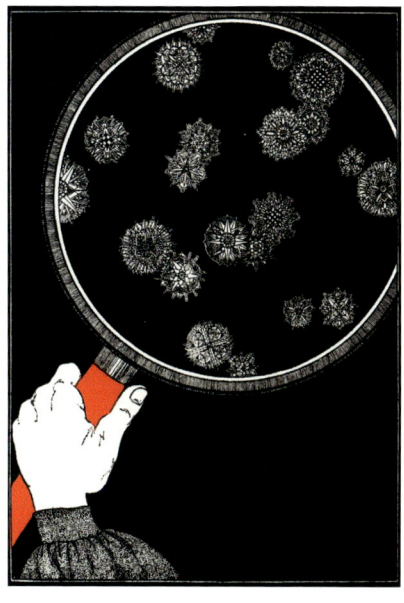

Fuhrwerk hing fest, und es ging mit Windeseile vorwärts. Da rief er ganz
laut, aber niemand hörte ihn, und der Schnee stob, und der Schlitten flog
von dannen; mitunter gab es einen Sprung; es war, als führe er über Gräben
und Hecken. Der Knabe war ganz erschrocken; er wollte sein Vaterunser beten, aber er konnte sich nur des großen Einmaleins entsinnen.

Die Schneeflocken wurden größer und größer; zuletzt sahen sie aus wie
große weiße Hühner; auf einmal sprangen sie zur Seite, der große Schlitten
hielt, und die Person, die ihn fuhr, erhob sich; der Pelz und die Mütze waren ganz und gar von Schnee; es war eine Dame, hoch und schlank, glänzend weiß; es war die Schneekönigin.

„Wir sind gut gefahren", sagte sie, „aber wer wird wohl frieren! Krieche
in meinen Pelz!" Und sie setzte ihn neben sich in den Schlitten und schlug
den Pelz um ihn; es war, als versänke er in einem Schneetreiben.

„Friert dich noch?",
fragte sie und küsste ihn auf die Stirn.
O! Das war kälter als Eis.

„Friert dich noch?", fragte sie und küsste ihn auf die Stirn. O! Das war kälter als Eis; das ging ihm gerade hinein bis ins Herz, welches ja schon zur Hälfte ein Eisklumpen war; es war, als sollte er sterben; aber nur einen Augenblick, dann tat es ihm recht wohl; er spürte nichts mehr von der Kälte ringsumher.

„Meinen Schlitten! Vergiss nicht meinen Schlitten!" Daran dachte er zuerst, und der wurde an einem der weißen Hühnchen festgebunden, und dieses flog hinterher mit dem Schlitten auf dem Rücken. Die Schneekönigin küsste Kay nochmals, und da hatte er die kleine Gerda, die Großmutter und alle daheim vergessen.

„Nun bekommst du keine Küsse mehr!", sagte sie. „Denn sonst küsste ich dich tot!"

Kay sah sie an; sie war so schön! Ein klügeres, lieblicheres Antlitz konnte er sich nicht denken; nun erschien sie ihm nicht von Eis, wie damals, als sie draußen vor dem Fenster saß und ihm winkte; in seinen Augen war sie vollkommen; er fühlte gar keine Furcht. Er erzählte ihr, dass er kopfrechnen könne, und zwar mit Brüchen; er wisse des Landes Quadratmeilen und die Einwohnerzahl; und sie lächelte immer. Da kam es ihm vor, als wäre es doch nicht genug, was er wisse; und er blickte hinaus in den großen Luftraum; und sie flog mit ihm hoch hinaus auf die schwarze Wolke, und der Sturm sauste und brauste; es war, als sänge er alte Lieder. Sie flogen über Wälder und Seen, über Meer und Länder; unter ihnen sauste der kalte Wind, die Wölfe heulten, der Schnee knisterte; über ihnen flogen die schwarzen, schreienden Krähen; aber hoch oben schien der Mond groß und klar, und dort betrachtete Kay die lange, lange Winternacht; am Tage schlief er zu den Füßen der Schneekönigin.

Sie flogen über Meer und Länder; unter ihnen
sauste der kalte Wind, die Wölfe heulten, und über ihnen
flogen die schwarzen, schreienden Krähen.

Dritte Geschichte
Der Blumengarten bei der Frau,
welche zaubern konnte

Aber wie erging es der kleinen Gerda, als Kay nicht zurückkehrte? Wo war er geblieben? – Niemand wusste es, niemand konnte Bescheid geben. Die Knaben erzählten nur, dass sie ihn seinen Schlitten an einen andern großen hätten binden sehen, der in die Straße hinein und aus dem Stadttore gefahren wäre. Niemand wusste, wo er geblieben; viele Tränen flossen, besonders die kleine Gerda weinte sehr viel und lange – dann sagte sie, er sei tot; er wäre im Fluss ertrunken, der nahe bei der Schule vorbeifloss; o, das waren recht lange, finstere Wintertage!

Nun kam der Frühling mit wärmerem Sonnenschein.

„Kay ist tot und fort!", sagte die kleine Gerda.

„Das glaube ich nicht!", antwortete der Sonnenschein.

„Er ist tot und fort!", sagte sie zu den Schwalben.

„Das glauben wir nicht!", erwiderten diese, und am Ende glaubte die kleine Gerda es auch nicht.

„Ich will meine neuen roten Schuhe anziehen", sagte sie eines Morgens, „die, welche Kay nie gesehen hat, und dann will ich zum Flusse hinuntergehen und den nach ihm fragen!"

Und es war noch sehr früh; sie küsste die alte Großmutter, die noch schlief, zog die roten Schuhe an und ging ganz allein aus dem Stadttore nach dem Flusse.

„Ist es wahr, dass du mir meinen kleinen Spielkameraden genommen hast? Ich will dir meine roten Schuhe schenken, wenn du ihn mir wiedergeben willst!"

Und es war ihr, als nickten die Wellen ganz sonderbar; da nahm sie ihre roten Schuhe, die sie am liebsten hatte, und warf sie beide in den Fluss hinein; aber sie fielen dicht an das Ufer, und die kleinen Wellen trugen sie ihr wieder an das Land; es war gerade, als wollte der Fluss das Liebste, was sie hatte, nicht, weil er den kleinen Kay nicht hatte; aber sie glaubte nun, dass sie die Schuhe nicht weit genug hinausgeworfen habe; und so kroch sie in ein Boot, welches im Schilfe lag; sie ging bis an das äußerste Ende desselben und warf die Schuhe von da in das Wasser; aber das Boot war nicht festgebunden, und bei der Bewegung, welche sie verursachte, glitt es vom Lande ab; sie bemerkte es und beeilte sich herauszukommen; doch ehe sie zurückkam, war das Boot über eine Elle vom Lande, und nun trieb es schneller von dannen.

Da erschrak die kleine Gerda sehr und fing an zu weinen; allein niemand außer den Sperlingen hörte sie, und die konnten sie nicht an das Land tragen; aber sie flogen längs des Ufers und sangen, gleichsam um sie zu trösten: „Hier sind wir, hier sind wir!"

Das Boot trieb mit dem Strome; die kleine Gerda saß ganz still, nur mit Strümpfen an den Füßen; ihre kleinen roten Schuhe trieben hinter ihr her; aber sie konnten das Boot nicht erreichen; das hatte schnellere Fahrt.

Hübsch war es an beiden Ufern; schöne Blumen, alte Bäume und Abhänge mit Schafen und Kühen; aber nicht ein Mensch war zu erblicken.

„Vielleicht trägt mich der Fluss zu dem kleinen Kay hin", dachte Gerda, und da wurde sie heiterer, erhob sich und betrachtete viele Stunden die grünen, schönen Ufer; dann gelangte sie zu einem großen Kirschgarten, in welchem ein kleines Haus mit sonderbaren roten und blauen Fenstern war, übrigens hatte es ein Strohdach, und draußen waren zwei hölzerne Soldaten, die vor der Vorbeisegelnden das Gewehr schulterten.

Gerda rief nach ihnen; sie glaubte, dass sie lebendig wären; aber sie antworteten natürlich nicht; sie kam ihnen ganz nahe; der Fluss trieb das Boot gerade auf das Land zu.

Gerda rief noch lauter, und da kam eine alte, alte Frau aus dem Hause, die sich auf einen Krückstock stützte; sie hatte einen großen Sonnenhut auf, und der war mit den schönsten Blumen bemalt.

„Du armes, kleines Kind!", sagte die alte Frau. „Wie bist du doch auf den großen, reißenden Strom gekommen und weit in die Welt hinausgetrieben!" Und dann ging die alte Frau in das Wasser hinein, erfasste mit ihrem Krückstock das Boot, zog es an das Land und hob die kleine Gerda heraus.

Und Gerda war froh, wieder auf das Trockene zu gelangen, obgleich sie sich vor der fremden alten Frau ein wenig fürchtete.

„Komm doch, und erzähle mir, wer du bist und wie du hierherkommst!", sagte sie.

Und Gerda erzählte ihr alles; und die Alte schüttelte mit dem Kopfe und sagte: „Hm! Hm!" Und als ihr Gerda alles gesagt und sie gefragt hatte, ob sie nicht den kleinen Kay gesehen habe, sagte die Frau, dass er nicht vorbeigekommen sei; aber er komme wohl noch; sie solle nur nicht betrübt sein, sondern ihre Kirschen kosten und ihre Blumen betrachten; die wären schöner als irgendein Bilderbuch; eine jede könne eine Geschichte erzählen. Dann nahm sie Gerda bei der Hand, führte sie in das kleine Haus hinein und schloss die Türe zu.

Die Fenster lagen sehr hoch, und die Scheiben waren rot, blau und gelb; das Tageslicht schien mit allen Farben gar sonderbar herein; auf dem Tische standen die schönsten Kirschen, und Gerda aß davon, so viel sie wollte, denn das war ihr erlaubt. Während sie aß, kämmte die alte Frau ihr das Haar mit einem goldenen Kamme, und das Haar ringelte sich und glänzte herrlich gelb rings um das kleine, freundliche Antlitz, welches so rund war und wie eine Rose aussah.

„Nach einem so lieben, kleinen Mädchen habe ich mich schon lange gesehnt", sagte die Alte. „Nun wirst du sehen, wie gut wir miteinander leben

*Da kam eine alte, alte Frau aus dem Hause, die sich auf
einen Krückstock stützte; sie hatte einen großen Sonnenhut auf,
und der war mit den schönsten Blumen bemalt.*

werden!" Und so wie sie der kleinen
Gerda Haar kämmte, vergaß Gerda
mehr und mehr ihren Pflegebruder
Kay; denn die alte Frau konnte zaubern; aber eine böse Zauberin war
sie nicht; sie zauberte nur ein wenig zu ihrem Vergnügen und wollte
gern die kleine Gerda behalten. Deshalb ging sie in den Garten, streckte
ihren Krückstock gegen alle Rosen-
sträuche aus, und wie schön sie auch
blühten, so sanken sie doch alle in
die schwarze Erde hinunter, und
man konnte nicht sehen, wo sie ge-
standen hatten. Die Alte fürchtete, wenn Gerda die Rosen erblickte,
möchte sie an ihre eigenen denken,
sich dann des kleinen Kay erinnern
und davonlaufen.

Nun führte sie Gerda hinaus in den Blumengarten. Was waren da für
ein Duft und eine Herrlichkeit! Alle nur denkbaren Blumen, und zwar für
jede Jahreszeit, standen hier im prächtigsten Flor; kein Bilderbuch konnte bunter und schöner sein. Gerda sprang vor Freuden hoch auf und spielte, bis die Sonne hinter den hohen Kirschbäumen unterging; da bekam sie
ein schönes Bett mit roten Seidenkissen, die waren mit Veilchen gestopft;
und sie schlief und träumte da so herrlich wie nur eine Königin an ihrem
Hochzeitstage.

Am nächsten Tage konnte sie wieder mit den Blumen im warmen Sonnenscheine spielen, und so verflossen viele Tage. Gerda kannte jede Blume;
aber wie viele deren auch waren, so war es ihr doch, als ob eine fehlte, allein
welche, das wusste sie nicht. Da sitzt sie eines Tages und betrachtet den

Nun führte sie Gerda hinaus in den Blumengarten. Was waren
da für ein Duft und eine Herrlichkeit! Alle nur denkbaren Blumen,
und zwar für jede Jahreszeit, standen hier im prächtigsten Flor.

Sonnenhut der alten Frau mit den gemalten Blumen, und gerade die schönste war eine Rose. Die Alte hatte vergessen, diese vom Hute wegzuwischen, als sie die andern in die Erde zauberte. Aber so ist es, wenn man die Gedanken nicht beisammen hat! „Was! Sind hier keine Rosen?", sagte Gerda und sprang zwischen die Beete, suchte und suchte; ach, da war keine zu finden. Da setzte sie sich hin und weinte, aber ihre Tränen fielen gerade auf eine Stelle, wo ein Rosenstrauch versunken war, und als die warmen Tränen die Erde benetzten, schoss der Strauch auf einmal empor, so blühend, wie er versunken war, und Gerda umarmte ihn, küsste die Rosen und gedachte der herrlichen Rosen daheim und mit ihnen auch des kleinen Kay.

„O, wie bin ich aufgehalten worden!", sagte das kleine Mädchen. „Ich wollte ja den kleinen Kay suchen! – Wisst ihr nicht, wo er ist?", fragte sie die Rosen. „Glaubt ihr, er sei tot?"

„Tot ist er nicht", antworteten die Rosen. „Wir sind ja in der Erde gewesen; dort sind alle Toten, aber Kay war nicht da."

„Ich danke euch!", sagte die kleine Gerda und ging zu den andern Blumen hin, sah in deren Kelch hinein und fragte: „Wisst ihr nicht, wo der kleine Kay ist?"

Aber jede Blume stand in der Sonne und träumte ihr eigenes Märchen oder Geschichtchen; davon hörte Gerda so viele, viele; aber keine wusste etwas von Kay.

Und was sagte denn die Feuerlilie?

„Hörst du die Trommel: bum, bum! Es sind nur zwei Töne; immer: bum, bum! Höre der Frauen Trauergesang, höre den Ruf der Priester. – In ihrem langen roten Mantel steht das Hinduweib auf dem Scheiterhaufen; die Flammen lodern um sie und ihren toten Mann empor; aber das Hinduweib denkt an den Lebenden hier im Kreise, an ihn, dessen Augen heißer als die Flammen brennen, an ihn, dessen Augenfeuer ihr Herz stärker berührt als die Flammen, welche bald ihren Körper zu Asche verbrennen. Kann die Flamme des Herzens in der Flamme des Scheiterhaufens ersterben?"

„Das verstehe ich durchaus nicht", sagte die kleine Gerda.

„Das ist mein Märchen!", sagte die Feuerlilie.

Was sagt die Winde?

„Über den schmalen Fußweg herüber hängt eine alte Ritterburg; das dichte Immergrün wächst um die morschen, roten Mauern empor, Blatt an Blatt, um den Altan herum, und da steht ein schönes Mädchen; sie beugt sich über das Geländer hinaus und sieht den Weg entlang. Keine Rose hängt frischer an den Zweigen als sie; keine Apfelblüte, wenn der Wind sie dem Baume entführt, schwebt leichter dahin als sie; wie rauschte das prächtige Seidengewand! ‚Kommt er noch nicht?'"

„Ist es Kay, den du meinst?", fragte die kleine Gerda.

„Ich spreche nur von meinem Märchen, meinem Traume", erwiderte die Winde.

Was sagt die kleine Schneeblume?

„Zwischen den Bäumen hängt an Seilen das lange Brett; das ist eine Schaukel; zwei niedliche, kleine Mädchen – die Kleider sind weiß wie der Schnee; lange grüne Seidenbänder flatterten von den Hüten – sitzen darauf und schaukeln sich; der Bruder, welcher größer ist als sie, steht in der Schaukel; er hat den Arm um das Seil geschlungen, um sich zu halten, denn in der einen Hand hat er eine kleine Schale, in der andern eine Tonpfeife; er bläst Seifenblasen; die Schaukel fliegt, und die Blasen steigen mit schönen, wechselnden Farben; die Letzte hängt noch am Pfeifenstiele und wiegt sich im Winde. Die Schaukel schwebt; der kleine schwarze Hund, leicht wie die Blasen, erhebt sich auf den Hinterfüßen und will mit in die Schaukel; sie fliegt; der Hund fällt, bellt und ist böse; er wird geneckt, die Blasen platzen. – Ein schaukelndes Brett, ein zerspringendes Schaumbild ist mein Gesang!"

„Es ist möglich, dass es hübsch ist, was du erzählst; aber du sagst es so traurig und erwähnst den kleinen Kay nicht."

Was sagen die Hyazinthen?

„Es waren drei schöne Schwestern, durchsichtig und fein; der einen Kleid war rot, der andern Kleid blau, der dritten Kleid weiß; Hand in Hand tanzten sie beim stillen See im hellen Mondscheine. Es waren keine Elfen, es waren Menschenkinder. Dort duftete es so süß, und die Mädchen verschwanden im Walde; der Duft wurde stärker; drei Särge, darin lagen die schönen Mädchen, glitten von des Waldes Dickicht über den See dahin; die Johanniswürmchen flogen leuchtend ringsumher wie kleine schwebende Lichter. Schlafen die tanzenden Mädchen, oder sind sie tot? – Der Blumenduft sagt, sie sind Leichen; die Abendglocke läutet den Grabgesang!"

„Du machst mich ganz betrübt", sagte die kleine Gerda. „Du duftest so stark; ich muss an die toten Mädchen denken! Ach, ist denn der kleine Kay wirklich tot? Die Rosen sind unten in der Erde gewesen und sagen: ‚Nein!'"

„Kling, klang!", läuteten die Hyazinthenglocken. „Wir läuten nicht für den kleinen Kay, wir kennen ihn nicht; wir singen nur unser Lied, das einzige, welches wir wissen."

Und Gerda ging zur Butterblume, die aus den glänzenden, grünen Blättern hervorschien.

„Du bist eine kleine, helle Sonne!", sagte Gerda. „Sage mir, weißt du, wo ich meinen Gespielen finden kann?"

Und die Butterblume glänzte so schön und sah wieder auf Gerda. Welches Lied konnte wohl die Butterblume singen! Es handelte auch nicht von Kay.

„In einem kleinen Hofe schien die liebe Gottessonne am ersten Frühlingstage so warm; die Strahlen glitten an des Nachbarhauses weißen Wänden herab; dicht dabei wuchs die erste gelbe Blume und glänzte golden in den

Gerdas Tränen fielen gerade auf eine Stelle,
wo ein Rosenstrauch versunken war,
und da schoss der Strauch auf einmal empor.

warmen Sonnenstrahlen; die alte Großmutter saß draußen in ihrem Stuhle; die Enkelin, ein armes, schönes Dienstmädchen, kehrte von einem kurzen Besuche heim: Sie küsste die Großmutter; es war Gold, Herzensgold in dem gesegneten Kusse. Gold im Munde, Gold im Grunde, Gold in der Morgenstunde! Sieh, das ist meine kleine Geschichte!", sagte die Butterblume.

„Meine arme, alte Großmutter!", seufzte Gerda. „Ja, sie sehnt sich gewiss nach mir und grämt sich um mich, ebenso wie sie es um den kleinen Kay tat. Aber ich komme bald wieder nach Hause, und dann bringe ich Kay mit. – Es nützt nichts, dass ich die Blumen frage, die wissen nur ihr eigenes Lied; sie geben mir keinen Bescheid!" Und dann band sie ihr kleines Kleid auf, damit sie rascher laufen könne; aber die Pfingstlilie schlug an ihr Bein, indem sie darüber hinsprang; da blieb sie stehen, betrachtete die lange gelbe Blume und fragte: „Weißt du vielleicht etwas?" Und sie bog sich ganz zur Pfingstlilie hinab; und was sagte die?

„Ich kann mich selbst erblicken! Ich kann mich selbst sehen!", sagte die Pfingstlilie. „O, o, wie ich rieche! – Oben in dem kleinen Erkerzimmer steht, halb angekleidet, eine kleine Tänzerin; sie steht bald auf einem Beine, bald auf beiden; sie tritt die ganze Welt mit Füßen; sie ist nichts als Augentäuschung. Sie gießt Wasser aus dem Teetopfe auf ein Stück Zeug aus, welches sie hält; es ist der Schnürleib – Reinlichkeit ist eine schöne Sache; das weiße Kleid hängt am Haken; das ist auch im Teetopf gewaschen und auf dem Dache getrocknet; sie zieht es an und schlägt das safrangelbe Tuch um den

Hand in Hand tanzten sie beim stillen See
im hellen Mondscheine. Es waren keine Elfen,
es waren Menschenkinder.

Hals; nun scheint das Kleid noch weißer. Das Bein ausgestreckt! Sieh, wie sie auf einem Stiele prangt! Ich kann mich selbst erblicken! Ich kann mich selbst sehen!" „Darum kümmere ich mich gar nicht!", sagte Gerda. „Das brauchst du mir nicht zu erzählen." Und dann lief sie bis an das Ende des Gartens.

Die Türe war verschlossen, aber sie drückte auf die verrostete Klinke, sodass diese losbrach; die Türe ging auf, und die kleine Gerda sprang mit nackten Füßen in die weite Welt hinaus. Sie blickte drei Mal zurück, aber niemand war da, der sie verfolgte; zuletzt konnte sie nicht mehr laufen und setzte sich auf einen großen Stein; und als sie sich umsah, war es mit dem Sommer vorbei; es war Spätherbst; das konnte man in dem schönen Garten gar nicht bemerken, wo immer Sonnenschein und Blumen aller Jahreszeiten waren.

„Gott, wie habe ich mich verspätet!", sagte die kleine Gerda. „Es ist ja Herbst geworden! Da darf ich nicht ruhen!" Und sie erhob sich, um zu gehen.

O, wie waren ihre kleinen Füße so wund und müde! Rings umher sah es kalt und rau aus; die langen Weidenblätter waren ganz gelb, und der Tau tröpfelte als Wasser nieder; ein Blatt fiel nach dem andern ab; nur der Schlehendorn trug noch Früchte, die waren aber herbe und zogen den Mund zusammen. O, wie war es grau und schwer in der weiten Welt!

Vierte Geschichte
Prinz und Prinzessin

Gerda musste wieder ausruhen; da hüpfte dort auf dem Schnee, der Stelle, wo sie saß, gerade gegenüber, eine große Krähe; die hatte lange gesessen, sie betrachtet und mit dem Kopfe gewackelt; nun sagte sie: „Krah! Krah! – Gu'Tag! Gu'Tag!" Besser konnte sie es nicht herausbringen, aber sie meinte es gut mit dem kleinen Mädchen und fragte, wohin sie so allein in die weite Welt hinausginge. Das Wort allein verstand Gerda sehr wohl und fühlte recht, wie viel darin lag; und sie erzählte der Krähe ihr ganzes Leben und Schicksal und fragte, ob sie Kay nicht gesehen habe.

Und die Krähe nickte ganz bedächtig und sagte: „Das könnte sein! Das könnte sein!"

„Wie? Glaubst du?", rief das kleine Mädchen und hätte fast die Krähe totgedrückt, so küsste sie diese.

„Vernünftig, vernünftig!", sagte die Krähe. „Ich glaube, ich weiß – ich glaube; es kann sein; der kleine Kay – aber nun hat er dich sicher über der Prinzessin vergessen!"

„Wohnt er bei einer Prinzessin?", fragte Gerda.

„Ja, höre!", sagte die Krähe. „Aber es fällt mir so schwer, deine Sprache zu sprechen. Verstehst du die Krähensprache? Dann will ich besser erzählen."

„Nein, die habe ich nicht gelernt", sagte Gerda, „aber die Großmutter verstand sie, und auch sprechen konnte sie diese Sprache. Hätte ich sie nur gelernt!"

„Tut gar nichts!", sagte die Krähe. „Ich werde erzählen, so gut ich kann; aber schlecht wird es gehen." Dann erzählte sie, was sie wusste.

„In dem Königreiche, in welchem wir jetzt sitzen, wohnt eine Prinzessin, die ist ganz unbändig klug; aber sie hat auch alle Zeitungen, die es in der Welt gibt, gelesen und wieder vergessen, so klug ist sie. Neulich saß sie auf dem Throne, und das ist doch nicht so angenehm, wie man sagt; da fing sie an, ein Lied zu singen, und das war dieses: ‚Weshalb sollt' ich mich nicht verheiraten?' Höre, da ist etwas daran", sagte die Krähe, „und so wollte sie sich verheiraten; aber sie wollte einen Mann haben, der zu antworten verstehe, wenn man mit ihm spreche; einen, der nicht bloß dastehe und vornehm aussehe, denn das sei zu langweilig. Nun ließ sie alle Hofdamen zusammentrommeln, und als diese hörten, was sie wollte, wurden sie sehr vergnügt. ‚Das mag ich leiden!', sagte sie. ‚Daran dachte ich neulich auch!' – Du kannst glauben, dass jedes Wort, was ich sage, wahr ist!", fügte die Krähe hinzu. „Ich habe eine zahme Geliebte, die geht frei im Schlosse umher, und die hat mir alles erzählt!"

Die Geliebte war natürlich auch eine Krähe. Denn eine Krähe sucht die andere, und es bleibt immer eine Krähe.

Die kleine Tänzerin zieht das weiße Kleid an.
Das Bein ausgestreckt!
Sieh, wie sie auf einem Stiele prangt!

„Die Zeitungen kamen sogleich mit einem Rande von Herzen und der Prinzessin Namenszug heraus; man konnte darin lesen, dass es einem jeden jungen Manne, der gut aussehe, freistehe, auf das Schloss zu kommen und mit der Prinzessin zu sprechen; und derjenige, welcher so spreche, dass man hören könne, er sei dort zu Hause, und der am besten spräche, den wolle die Prinzessin zum Manne nehmen. – Ja, ja", sprach die Krähe. „Du kannst es mir glauben; es ist so gewiss wahr, als ich hier sitze. Junge Männer strömten herzu; es war ein Gedränge und ein Laufen, aber es

glückte weder am ersten noch am zweiten Tage. Sie konnten alle gut sprechen, wenn sie auf der Straße waren, aber wenn sie in das Schlosstor traten und die Gardisten in Silber sahen und die Treppen hinauf die Lakaien in Gold und die großen erleuchteten Säle – dann wurden sie verwirrt. Und standen sie gar vor dem Throne, wo die Prinzessin saß, dann wussten sie nichts zu sagen als das letzte Wort, was sie gesprochen hatte; und das noch einmal zu hören, dazu hatte sie keine Lust. Es war, als ob die Leute drinnen Schnupftabak auf den Magen bekommen hätten und in den Schlaf gefallen wären, bis sie wieder auf die Straße kamen, dann erst konnten sie wieder sprechen. Da stand eine Reihe vom Stadttore an bis zum Schlosse. – Ich war selbst drinnen, um es zu sehen!", sagte die Krähe. „Sie wurden hungrig und durstig, aber auf dem Schlosse erhielten sie nicht einmal ein Glas Wasser. Zwar hatten einige der Klügsten Butterbrot mitgenommen, aber sie teilten nicht mit ihrem Nachbarn; sie

„Er hatte ein kleines Ränzel auf dem Rücken!", sagte die Krähe.
„Nein, das war sicher sein Schlitten!", sagte Gerda.
„Denn mit dem Schlitten ging er fort!"

dachten so: ‚Lass ihn hungrig aussehen, dann nimmt ihn die Prinzessin nicht!'"

„Aber Kay, der kleine Kay!", fragte Gerda. „Wann kam der? War er unter der Menge?"

„Warte! Warte! Jetzt sind wir bei ihm! Es war am dritten Tage, da kam eine kleine Person, ohne Pferd und Wagen, fröhlich gerade auf das Schloss zumarschiert; seine Augen glänzten wie deine; er hatte schönes langes Haar, aber sonst ärmliche Kleider."

„Das war Kay!", jubelte Gerda. „O, dann habe ich ihn gefunden!", und sie klatschte in die Hände.

„Er hatte ein kleines Ränzel auf dem Rücken!", sagte die Krähe. „Nein, das war sicher sein Schlitten!", sagte Gerda. „Denn mit dem Schlitten ging er fort!"

„Das kann wohl sein", sagte die Krähe, „ich sah nicht so genau darnach! Aber das weiß ich von meiner zahmen Geliebten, dass er, als er in das Schlosstor kam und die Leibgardisten in Silber sah und die Treppe hinauf die Lakaien in Gold, nicht im Mindesten verlegen wurde; er nickte und sagte zu ihnen: ‚Das muss langweilig sein, auf der Treppe zu stehen; ich gehe lieber hinein!' Da glänzten die Säle von Lichtern; Geheimräte und Exzellenzen gingen mit entblößten Füßen und trugen Goldgefäße; man konnte wohl andächtig werden! Seine Stiefel knarrten gar gewaltig laut, aber ihm wurde doch nicht bange."

„Das ist ganz gewiss Kay!", sagte Gerda. „Ich weiß, er hat neue Stiefel an; ich habe sie in der Großmutter Stube knarren hören!"

„Ja freilich knarrten sie!", sagte die Krähe. „Und frischen Muts ging er gerade zur Prinzessin hinein, die auf einer großen Perle saß, die so groß wie ein Spinnrad war; und alle Hofdamen mit ihren Jungfern und den Jungfern der Jungfern, und alle Kavaliere mit ihren Dienern und den Dienern der Diener, die wieder einen Burschen hielten, standen ringsherum aufgestellt; und je näher sie der Tür standen, desto stolzer sahen sie aus. Des Dieners Dieners Burschen, der immer in Pantoffeln geht, darf man kaum anzusehen wagen; so stolz steht er in der Türe!"

„Das muss gräulich sein!", sagte die kleine Gerda. „Und Kay hat doch die Prinzessin erhalten?"

„Wäre ich nicht eine Krähe gewesen, so hätte ich sie genommen, und dessen ungeachtet, dass ich verlobt bin. Er soll ebenso gut gesprochen haben wie ich, wenn ich die Krähensprache spreche: Das habe ich von meiner zahmen Geliebten gehört. Er war fröhlich und niedlich; er war nicht gekommen zum Freien, sondern nur, um der Prinzessin Klugheit zu hören; und die fand er gut, und sie fand ihn wieder gut."

„Ja, sicher! Das war Kay!", sagte Gerda. „Er war so klug; er konnte die Kopfrechnung mit Brüchen. – O, willst du mich nicht auf dem Schlosse einführen?"

„Ja, das ist leicht gesagt!", antwortete die Krähe. „Aber wie machen wir das? Ich werde es mit meiner zahmen Geliebten besprechen; sie kann uns wohl Rat erteilen; denn das muss ich dir sagen: So ein kleines Mädchen, wie du bist, bekommt nie die Erlaubnis hineinzukommen!"

„Ja, die erhalte ich!", sagte Gerda. „Wenn Kay hört, dass ich da bin, kommt er gleich heraus und holt mich!"

„Erwarte mich dort am Gitter!", sagte die Krähe, wackelte mit dem Kopfe und flog davon.

Erst als es spät am Abend war, kehrte die Krähe wieder zurück. „Rar! Rar!", sagte sie. „Ich soll dich vielmals von ihr grüßen, und hier ist ein kleines Brot für dich, sie nahm es aus der Küche, dort ist Brot genug, und du bist gewiss hungrig. – Es ist nicht möglich, dass du in das Schloss hineinkommen kannst: Du bist ja barfuß. Die Gardisten in Silber und die Lakaien in Gold würden es nicht erlauben. Aber weine nicht. Du sollst schon hinaufkommen. Meine Geliebte kennt eine schmale Hintertreppe, die zum Schlafgemach führt, und sie weiß, wie sie den Schlüssel erhalten kann."

Sie gingen in den Garten hinein, in die große Allee, wo ein Blatt nach dem andern abfiel: Und als auf dem Schlosse die Lichter ausgelöscht wurden, das eine nach dem andern, führte die Krähe die kleine Gerda zu einer Hintertür, die nur angelehnt war.

„Es ist mir, als käme jemand hinter uns her", sagte Gerda;
und es sauste an ihr vorbei; es war wie Schatten an der Wand:
Pferde mit fliegenden Mähnen und dünnen Beinen.

O, wie Gerdas Herz vor Angst
und Sehnsucht pochte! Es war, als
ob sie etwas Böses tun wollte; und
sie wollte ja doch nur wissen, ob es
der kleine Kay sei. Ja, er musste es
sein; sie gedachte so lebendig seiner
klugen Augen, seines langen Haa-
res; sie konnte sehen, wie er lächelte
wie damals, als sie daheim unter den
Rosen saßen. Er würde sicher froh
sein, sie zu erblicken; zu hören, welchen langen Weg sie um seinetwillen
zurückgelegt; zu wissen, wie betrübt
sie alle daheim gewesen, als er nicht
wiedergekommen. O, das waren eine
Furcht und eine Freude!

Nun waren sie auf der Treppe; da
brannte eine kleine Lampe auf dem
Schranke; mitten auf dem Fußboden stand die zahme Krähe und wendete
den Kopf nach allen Seiten und betrachtete Gerda, die sich verneigte, wie
die Großmutter sie gelehrt hatte.

„Mein Verlobter hat mir so viel Gutes von Ihnen gesagt, mein kleines
Fräulein", sagte die zahme Krähe, „Ihr Lebenslauf, wie man es nennt, ist
auch sehr rührend. – Wollen Sie die Lampe nehmen, dann werde ich voran-
gehen. Wir gehen hier den geraden Weg, denn da begegnen wir niemand."

„Es ist mir, als käme jemand hinter uns her", sagte Gerda; und es sauste an ihr vorbei; es war wie Schatten an der Wand: Pferde mit fliegenden
Mähnen und dünnen Beinen, Jägerburschen, Herren und Damen zu Pferde.

„Das sind nur Träume", sagte die Krähe, „die kommen und holen der hohen Herrschaften Gedanken zur Jagd ab. Das ist recht gut, dann können
Sie sie besser im Bette betrachten. Aber ich hoffe, wenn Sie zu Ehren und

„Au!", sagte das Weib zu gleicher Zeit;
sie wurde von der eigenen Tochter, gar wild und unartig,
in das Ohr gebissen.

Würden gelangen, werden Sie ein dankbares Herz zeigen."

„Das versteht sich von selbst!", sagte die Krähe vom Walde.

Nun kamen sie in den ersten Saal; der war von rosenrotem Atlas mit künstlichen Blumen an den Wänden hinauf, hier sausten an ihnen schon die Träume vorbei; aber sie fuhren so schnell, dass Gerda die hohen Herrschaften nicht zu sehen bekam. Ein Saal war immer prächtiger als der andere; ja, man konnte wohl verdutzt werden. Nun waren sie im Schlafgemache. Hier glich die Decke einer großen Palme mit Blättern von kostbarem Glas, und mitten auf dem Fußboden hingen an einem dicken Stängel von Gold zwei Betten, von denen jedes wie eine Lilie aussah; die eine war weiß, in der lag die Prinzessin; die andere war rot, und in dieser sollte Gerda den kleinen Kay suchen. Sie bog eins der roten Blätter zur Seite, da sah sie einen braunen Nacken. – O, das war Kay! Sie rief laut seinen Namen, hielt die Lampe nach ihm hin – die Träume sausten zu Pferde wieder in die Stube herein – er erwachte, drehte den Kopf um und – es war nicht der kleine Kay.

Der Prinz glich ihm nur im Nacken; aber jung und hübsch war er. Und aus dem weißen Lilienblatte blinzelte die Prinzessin hervor und fragte, wer da wäre. Da weinte die kleine Gerda und erzählte ihre ganze Geschichte und alles, was die Krähen für sie getan hatten.

„Du armes Kind!", sagte der Prinz und die Prinzessin; und sie lobten die Krähen und sagten, dass sie nicht böse auf sie seien; aber sie sollten es ja nicht öfter tun. Übrigens sollten sie eine Belohnung erhalten.

„Wollt ihr frei fliegen?", sagte die Prinzessin. „Oder wollt ihr feste Anstellung als Hofkrähen haben, mit allem, was in der Küche abfällt?"

Und beide Krähen verneigten sich und baten um feste Anstellung, denn sie gedachten des Alters und sagten: „Es wäre schön, etwas für die alten Tage zu haben", wie sie es nannten.

Und der Prinz stand aus seinem Bette auf und ließ Gerda darin schlafen, mehr konnte er nicht tun. Sie faltete ihre kleinen Hände und dachte: „Wie gut sind nicht die Menschen und die Tiere!" – Dann schloss sie ihre Augen und schlief sanft. Alle Träume kamen wieder hereingeflogen, sie sahen wie Engel Gottes aus und zogen einen kleinen Schlitten, auf welchem Kay saß und nickte; aber das Ganze war nur ein Traum, und deshalb war es auch wieder fort, sobald sie erwachte.

Am folgenden Tage wurde sie vom Kopfe bis zum Fuße in Seide und Samt gekleidet; es wurde ihr angeboten, auf dem Schlosse zu bleiben und gute Tage zu genießen; aber sie bat nur um einen kleinen Wagen mit einem Pferde und um ein Paar Stiefelchen; dann wollte sie wieder in die weite Welt hinausfahren und Kay suchen.

Und sie erhielt sowohl Stiefelchen als auch Muff; sie wurde niedlich gekleidet; als sie fortwollte, hielt vor der Tür eine neue Kutsche aus reinem Golde; des Prinzen und der Prinzessin Wappen glänzte an derselben wie ein Stern; Kutscher, Diener und Vorreiter – denn es waren auch Vorreiter da – saßen mit Goldkronen auf dem Kopfe zu Pferde. Der Prinz und die Prinzessin halfen ihr selbst in den Wagen und wünschten ihr alles Glück. Die Waldkrähe, welche nun verheiratet war, begleitete sie die ersten drei Meilen; sie saß ihr zur Seite, denn sie konnte nicht vertragen, rückwärts zu fahren; die andere Krähe stand in der Türe und schlug mit den Flügeln; sie kam nicht mit, denn sie litt an Kopfschmerzen, seitdem sie eine feste Anstellung und zu viel zu essen erhalten hatte. Inwendig war die Kutsche mit Zuckerbrezeln gefüttert, und im Sitze waren Früchte und Pfeffernüsse.

„Lebewohl! Lebewohl!", riefen der Prinz und die Prinzessin; und die kleine Gerda weinte, und die Krähe weinte. – So ging es die ersten drei Meilen;

Da sagten die Waldtauben: „Kurre! Kurre! Wir haben
den kleinen Kay gesehen; er saß im Wagen der Schneekönigin."

da sagte auch die Krähe Lebewohl, und das war der schwerste Abschied; sie flog auf einen Baum und schlug mit ihren schwarzen Flügeln, solange sie den Wagen, welcher wie der helle Sonnenschein glänzte, erblicken konnte.

Fünfte Geschichte
Das kleine Räubermädchen

Sie fuhren durch den dunkeln Wald, aber die Kutsche leuchtete gleich einer Fackel; das stach den Räubern in die Augen, das konnten sie nicht ertragen.

„Das ist Gold, das ist Gold!", riefen sie, stürzten hervor, ergriffen die Pferde, schlugen die kleinen Jockeys, den Kutscher und die Diener tot und zogen dann die kleine Gerda aus dem Wagen.

„Sie ist fett, sie ist niedlich, sie ist mit Nusskernen gefüttert!", sagte das alte Räuberweib, das einen langen struppigen Bart und Augenbrauen hatte, die ihr über die Augen herabhingen.

„Sie ist so gut wie ein kleines fettes Lamm; wie soll die schmecken!" Und dann zog sie ihr blankes Messer heraus, das glänzte, dass es grässlich war.

„Au!", sagte das Weib zu gleicher Zeit; sie wurde von der eigenen Tochter, die auf ihrem Rücken hing, gar wild und unartig, dass es eine Lust war, in das Ohr gebissen. „Du hässlicher Balg!", sagte die Mutter und hatte nicht Zeit, Gerda zu schlachten.

„Sie soll mit mir spielen!", sagte das kleine Räubermädchen. „Sie soll mir ihren Muff, ihr hübsches Kleid geben, bei mir in meinem Bette schlafen!" Und dann biss sie wieder, dass das Räuberweib in die Höhe sprang und sich ringsherum drehte. Und alle Räuber lachten und sagten: „Sieh, wie es mit seinem Kalbe tanzt!"

„Ich will in den Wagen hinein", sagte das kleine Räubermädchen. Sie musste und wollte ihren Willen haben, denn sie war ganz verzogen und sehr hartnäckig! Sie und Gerda saßen drinnen und fuhren über Stock und Stein tiefer in den Wald hinein. Das kleine Räubermädchen war so groß wie Gerda, aber stärker, breitschultriger und von dunkler Haut; die Augen waren schwarz; sie sahen fast traurig aus. Sie fasste die kleine Gerda um

den Leib und sagte: „Sie sollen dich nicht schlachten, solange ich dir nicht böse werde. Du bist wohl eine Prinzessin?"

„Nein", sagte Gerda und erzählte alles, was sie erlebt hatte und wie sehr sie den kleinen Kay lieb hätte.

Das Räubermädchen betrachtete sie ganz ernsthaft, nickte ein wenig mit dem Kopfe und sagte: „Sie sollen dich nicht schlachten, selbst wenn ich dir böse werde; dann werde ich es schon selbst tun!" Und dann trocknete sie Gerdas Augen und steckte ihre beiden Hände in den schönen Muff, der weich und warm war.

Nun hielt die Kutsche, sie waren mitten auf dem Hofe eines Räuberschlosses; dasselbe war von oben bis unten geborsten; Raben und Krähen flogen aus den offnen Löchern, und die großen Bullenbeißer, von denen jeder aussah, als könne er einen Menschen verschlingen, sprangen hoch empor; aber sie bellten nicht, denn das war verboten.

In dem großen, alten, verräucherten Saale brannte mitten auf dem steinernen Fußboden ein helles Feuer; der Rauch zog unter der Decke hin und musste sich selbst den Ausweg suchen; ein großer Braukessel mit Suppe kochte; Hasen und Kaninchen wurden am Spieße gebraten.

„Du sollst diese Nacht mit mir bei allen meinen kleinen Tieren schlafen", sagte das Räubermädchen. Sie bekamen zu essen und zu trinken und gingen dann nach einer Ecke, wo Stroh und Teppiche lagen. Oben darüber saßen auf Latten und Stäben mehr als hundert Tauben, die alle zu schlafen schienen, sich aber noch ein wenig drehten, als die beiden kleinen Mädchen kamen.

„Die gehören mir alle!", sagte das kleine Räubermädchen und ergriff rasch eine der nächsten, hielt sie bei den Füßen und schüttelte sie, dass sie mit den Flügeln schlug. „Küsse sie", rief sie und schlug sie Gerda ins Gesicht. „Da sitzen die Waldkanaillen", fuhr sie fort und zeigte hinter eine Anzahl Stäbe, die vor einem Loche oben in die Mauer eingeschlagen waren. „Das sind Waldkanaillen, die beiden; die fliegen gleich fort, wenn man sie nicht recht verschlossen hält; und hier steht mein alter Liebster, Bä!" Und sie zog ein Rentier am Horne hervor, welches einen blanken kupfernen

*„Du musst dieses kleine Mädchen zum Schlosse
der Schneekönigin bringen, wo ihr Spielkamerad ist", sagte das
Räubermädchen. Das Rentier sprang vor Freuden hoch auf.*

Ring um den Hals trug und angebunden war. „Den müssen wir auch in der Klemme halten, sonst springt er von uns fort. An jedem Abend kitzele ich ihn mit meinem scharfen Messer am Halse, davor fürchtet er sich sehr!" Und das kleine Mädchen zog ein langes Messer aus einer Spalte in der Mauer und ließ es über des Rentiers Hals hingleiten; das arme Tier schlug mit den Beinen aus, das kleine Räubermädchen lachte und zog dann Gerda mit in das Bett hinein.

„Willst du das Messer behalten, wenn du schläfst?", fragte Gerda und blickte etwas furchtsam nach demselben hin.

„Ich schlafe immer mit dem Messer!", sagte das kleine Räubermädchen. „Man weiß nie, was vorfallen kann! Aber erzähle mir nun wieder, was du mir vorhin von dem kleinen Kay erzähltest, und weshalb du in die weite Welt hinausgegangen bist." Und Gerda erzählte wieder von vorn, und die Waldtauben kurrten oben im Käfig, aber die andern Tauben schliefen. Das kleine Räubermädchen legte ihren Arm um Gerdas Hals, hielt das Messer in der andern Hand und schlief, dass man es hören konnte; aber Gerda konnte ihre Augen durchaus nicht schließen; sie wusste nicht, ob sie leben oder sterben sollte. Die Räuber saßen rings um das Feuer, sangen und tranken, und das Räuberweib überpurzelte sich. O! Es war dies mit anzusehen ganz grässlich für das kleine Mädchen.

Da sagten die Waldtauben: „Kurre! Kurre! Wir haben den kleinen Kay gesehen. Ein weißes Huhn trug seinen Schlitten; er saß im Wagen der

„Das sind meine alten Nordlichter!", sagte das Rentier.
„Sieh, wie sie leuchten!" Und nun lief es noch schneller davon,
Tag und Nacht.

Schneekönigin, welcher dicht über den Wald hinfuhr, als wir im Neste lagen; sie blies auf uns junge Tauben, und außer uns beiden starben alle. Kurre! Kurre!"

„Was sagt ihr dort oben?", rief Gerda. „Wohin reiste die Schneekönigin? Wisst ihr etwas davon?"

„Sie reiste wahrscheinlich nach Lappland, denn dort ist immer Schnee und Eis! Frage das Rentier, welches am Stricke angebunden steht."

„Dort ist Eis und Schnee, dort ist es herrlich und gut!", sagte das Rentier. „Dort springt man frei umher in den großen glänzenden Tälern! Dort hat die Schneekönigin ihr Sommerzelt; aber ihr bestes Schloss ist oben, gegen den Nordpol hin, auf der Insel, die Spitzbergen genannt wird!"

„O Kay, kleiner Kay!", seufzte Gerda.

„Du musst still liegen!", sagte das Räubermädchen. „Sonst stoße ich dir das Messer in den Leib!"

Am Morgen erzählte Gerda ihr alles, was die Waldtauben gesagt hatten, und das kleine Räubermädchen sah ernsthaft aus, nickte mit dem Kopfe und sagte: „Das ist einerlei! Das ist einerlei! – Weißt du, wo Lappland ist?", fragte sie das Rentier.

„Wer könnte es wohl besser wissen als ich?", sagte das Tier, und die Augen funkelten ihm im Kopfe. „Dort bin ich geboren und erzogen; dort bin ich auf den Schneefeldern umhergesprungen!"

„Höre!", sagte das Räubermädchen zu Gerda. „Du siehst, alle unsere Mannsleute sind fort; nur die Mutter ist noch hier, und die bleibt; aber gegen

Mittag trinkt sie aus der großen Flasche und schlummert nachher ein wenig darauf – dann werde ich etwas für dich tun!" Nun sprang sie aus dem Bette, fuhr der Mutter um den Hals, zog sie am Bart und sagte: „Mein einzig lieber Ziegenbock, guten Morgen!" Und die Mutter gab ihr Nasenstüber, dass die Nase rot und blau wurde; und das geschah alles aus lauter Liebe.

Als die Mutter dann aus ihrer Flasche getrunken hatte und darauf einschlief, ging das Räubermädchen zum Rentier hin und sagte: „Ich könnte große Freude daran haben, dich noch manches Mal mit dem scharfen Messer zu kitzeln, denn dann bist du so possierlich; aber es ist einerlei; ich will deine Schnur lösen und dir hinaushelfen, damit du nach Lappland laufen kannst; aber du musst tüchtig Beine machen und dieses kleine Mädchen zum Schlosse der Schneekönigin bringen, wo ihr Spielkamerad ist. Du hast wohl gehört, was sie erzählte, denn sie sprach laut genug, und du horchtest."

Das Rentier sprang vor Freuden hoch auf. Das Räubermädchen hob die kleine Gerda hinauf und hatte die Vorsicht, sie festzubinden, ja ihr sogar ihr kleines Kissen als Sitz mitzugeben. „Da hast du auch deine Pelzstiefel", sagte sie, „denn es wird kalt; aber den Muff behalte ich, der ist gar zu niedlich! Darum sollst du aber doch nicht frieren. Hier hast du meiner Mutter große Fausthandschuhe, die reichen dir gerade bis zu den Ellenbogen hinauf. Kriech hinein! – Nun siehst du an den Händen ebenso aus wie meine hässliche Mutter!"

Und Gerda weinte vor Freuden.

„Ich kann nicht leiden, dass du grinsest!", sagte das kleine Räubermädchen. „Jetzt musst du gerade recht froh aussehen! Und hier hast du zwei Brote und einen Schinken: Nun wirst du nicht hungern." Beides wurde hinten auf das Rentier gebunden; das kleine Räubermädchen öffnete die Türe, lockte alle die großen Hunde herein, durchschnitt dann den Strick mit dem scharfen Messer und sagte zum Rentiere: „Lauf nun! Aber gib recht auf das kleine Mädchen Acht!"

Und Gerda streckte die Hände mit den großen Fausthandschuhen gegen das Räubermädchen aus und sagte: „Lebewohl!" Dann jagte das Rentier über

*Da drinnen war eine Hitze; gleich löste sie die Kleider
der kleinen Gerda und zog ihr die Fausthandschuhe und Stiefel aus –
denn sonst wäre es ihr zu heiß geworden.*

Stock und Stein davon, durch den großen Wald, über Sümpfe und Steppen, so schnell es nur konnte. Die Wölfe heulten, und die Raben schrien. – „Fut! Fut!", ging es am Himmel. Es war, als sprühte der Himmel Feuer.

„Das sind meine alten Nordlichter!", sagte das Rentier. „Sieh, wie sie leuchten!" Und nun lief es noch schneller davon, Tag und Nacht. Die Brote wurden verzehrt, der Schinken auch, und dann waren sie in Lappland.

Sechste Geschichte
Die Lappin und die Finnin

Bei einem kleinen Hause hielten sie an; es war sehr armselig; das Dach hing fast bis zur Erde herab, und die Türe war so niedrig, dass die Familie kriechen musste, wenn sie heraus- oder hineinwollte. Hier war außer einer alten Lappin, welche bei einer Tranlampe Fische kochte, niemand im Hause; und das Rentier erzählte Gerdas ganze Geschichte; aber zuerst seine eigene, denn diese schien ihm weit wichtiger; und Gerda war so angegriffen von der Kälte, dass sie nicht sprechen konnte.

„Ach, ihr Armen!", sagte die Lappin. „Da habt ihr noch weit zu laufen! Ihr müsst über hundert Meilen in Finnmarken hinein, denn da wohnt die Schneekönigin auf dem Lande und brennt jeden Abend bengalische Flammen. Ich werde einige Worte auf einen trockenen Stockfisch schreiben; Papier habe ich nicht; den werde ich euch für die Finnin dort oben mitgeben; sie kann euch besser Bescheid erteilen als ich!"

Und als Gerda nun erwärmt war und zu essen und zu trinken bekommen hatte, schrieb die Lappin einige Worte auf einen trockenen Stockfisch, bat Gerda, wohl darauf zu achten, band sie wieder auf dem Rentier fest, und dieses sprang davon. „Fut! Fut!", ging es oben in der Luft; die ganze Nacht brannten die schönsten blauen Nordlichter – und dann kamen sie nach Finnmarken und klopften an den Schornstein der Finnin; denn sie hatte nicht einmal eine Türe.

Da drinnen war eine Hitze, dass die Finnin fast nackt ging; sie war klein und schmutzig; gleich löste sie die Kleider der kleinen Gerda und zog ihr

Die Schneeflocken liefen gerade auf der Erde hin; sie waren
fürchterlich; sie lebten; sie waren der Schneekönigin Vorposten,
sie hatten die sonderbarsten Gestalten.

die Fausthandschuhe und Stiefel aus – denn sonst wäre es ihr zu heiß geworden –, legte dem Rentier ein Stück Eis auf den Kopf und las dann, was
auf dem Stockfische geschrieben stand; sie las es drei Mal, da wusste sie es
auswendig und steckte den Fisch in den Suppenkessel; denn er konnte ja
gegessen werden, und sie verschwendete nie etwas.

Nun erzählte das Rentier zuerst seine Geschichte, dann die der kleinen
Gerda; und die Finnin blinzelte mit den klugen Augen, sagte aber nichts.

„Du bist sehr klug", sagte das Rentier, „ich weiß, du kannst alle Winde
der Welt mit einem Zwirnfaden zusammenbinden; wenn der Schiffer den
einen Knoten löst, so erhält er guten Wind, löst er den andern, dann weht
er scharf, und löst er den dritten und vierten, so stürmt es, dass die Wälder
umfallen. Willst du nicht dem kleinen Mädchen einen Trank geben, dass
sie Zwölf-Männer-Kraft erhält und die Schneekönigin überwindet?"

„Zwölf-Männer-Kraft?", sagte die Finnin. „Ja, das würde viel helfen!"
Dann ging sie nach einem Bette, nahm ein großes zusammengerolltes Fell
hervor und rollte es auf; da waren wunderbare Buchstaben darauf geschrieben, und die Finnin las, dass ihr das Wasser von der Stirn herun-
terlief.

Aber das Rentier bat wieder so sehr für die kleine Gerda, und Gerda
blickte die Finnin mit so bittenden Augen voll Tränen an, dass sie abermals mit den ihrigen zu blinzeln anfing und das Rentier in einen Winkel
zog, wo sie ihm zuflüsterte, während es wieder frisches Eis auf den Kopf
bekam:

„Der kleine Kay ist freilich bei der Schneekönigin und findet dort alles
nach seinem Geschmacke und Gefallen und glaubt, es sei der beste Ort in
der Welt; aber das kommt daher, dass er einen Glassplitter in das Herz und
ein kleines Glaskörnchen in das Auge bekommen hat; die müssen erst heraus, sonst wird er nie wieder ein Mensch, und die Schneekönigin wird die
Gewalt über ihn behalten!"

„Aber kannst du nicht der kleinen Gerda etwas eingeben, dass sie Gewalt über das Ganze erhält?"

„Ich kann ihr keine größere Gewalt geben, als sie schon besitzt; siehst du nicht, wie groß die ist? Siehst du nicht, wie Menschen und Tiere ihr dienen müssen, wie sie mit nackten Füßen so gut in der Welt fortgekommen ist? Sie kann nicht von uns ihre Macht erhalten; die besitzt sie in ihrem Herzen; die besteht darin, dass sie ein liebes unschuldiges Kind ist. Kann sie nicht selbst zur Schneekönigin hineingelangen und das Glas aus dem kleinen Kay bringen, dann können wir nicht helfen! Zwei Meilen von hier beginnt der Garten der Schneekönigin; dahin kannst du das kleine Mädchen tragen; setze sie beim großen Busche ab, welcher mit roten Beeren im Schnee steht; halte keinen Gevatterklatsch, sondern spute dich, hierher zurückzukommen!" Und dann hob die Finnin die kleine Gerda auf das Rentier, welches lief, was es konnte.

„O, ich habe meine Stiefel nicht! Ich habe meine Fausthandschuhe nicht!", rief die kleine Gerda. Das merkte sie in der schneidenden Kälte; aber das Rentier wagte nicht anzuhalten; es lief, bis es zu dem Busche mit den roten Beeren gelangte; da setzte es Gerda ab und küsste sie auf den Mund, und es liefen große, blanke Tränen über des Tieres Backen; und dann lief es, was es nur konnte, wieder zurück. Da stand die arme Gerda, ohne Schuhe, ohne Handschuhe, mitten in dem fürchterlichen, eiskalten Finnmarken.

Sie lief vorwärts, so schnell sie nur konnte; da kam ein Regiment Schneeflocken; aber die fielen nicht vom Himmel herab, der war hell und glänzte von Nordlichtern; die Schneeflocken liefen gerade auf der Erde hin, und je näher sie kamen, desto größer wurden sie. Gerda erinnerte sich noch, wie groß und künstlich die Schneeflocken damals ausgesehen hatten, als sie dieselben durch ein Brennglas betrachtete. Aber hier waren sie freilich noch größer und fürchterlicher; sie lebten; sie waren der Schneekönigin Vorposten, sie hatten die sonderbarsten Gestalten. Einige sahen aus wie hässliche große Stachelschweine, andere wie Knoten, gebildet von Schlangen, welche die Köpfe hervorstreckten, noch andere wie kleine dicke Bären, auf denen das Haar sich sträubte; alle waren

Der Atem wurde dichter und dichter und gestaltete sich zu kleinen Engeln.
Sie stachen mit ihren Spießen gegen die gräulichen Schneeflocken,
sodass diese in hundert Stücke zersprangen.

glänzend weiß, alle waren lebendige Schneeflocken.

Da betete die kleine Gerda ihr Vaterunser; die Kälte war so groß, dass sie ihren eigenen Atem sehen konnte; er ging ihr wie Rauch aus dem Munde. Der Atem wurde dichter und dichter und gestaltete sich zu kleinen Engeln, die mehr und mehr wuchsen, wenn sie die Erde berührten; und alle hatten Helme auf dem Kopfe und Spieße und Schilde in den Händen; ihre Anzahl wurde größer und größer, und als Gerda ihr Vaterunser beendet hatte, war eine ganze Legion um sie; sie stachen mit ihren Spießen gegen die gräulichen Schneeflocken,

sodass diese in hundert Stücke zersprangen; und die kleine Gerda ging sicher und frohen Mutes vorwärts. Die Engel streichelten ihre Hände und Füße, da empfand sie weniger, wie kalt es war, und eilte nach der Schneekönigin Schloss.

Aber nun müssen wir doch erst sehen, was Kay macht. Er dachte freilich nicht an die kleine Gerda, am wenigsten, dass sie draußen vor dem Schlosse stehe.

Die Eisstücke lagen in den Buchstaben, von denen
die Schneekönigin gesagt hatte, dass er sie ausfindig machen solle,
dann wäre er sein eigener Herr.

Siebente Geschichte
Von dem Schlosse der Schneekönigin
und was sich später darin zutrug

Des Schlosses Wände waren gebildet von treibendem Schnee, und Fenster und Türen von den schneidenden Winden; es waren über hundert Säle darin, alle, wie sie der Schnee zusammenwehte; der größte erstreckte sich mehrere Meilen lang; das starke Nordlicht beleuchtete sie alle, und wie groß und leer, wie eisig kalt und glänzend waren sie! Nie gab es hier Lustbarkeiten, nicht einmal einen kleinen Bärenball, wozu der Sturm hätte aufspielen und wobei die Eisbären hätten auf den Hinterfüßen gehen und ihre feinen Manieren zeigen können; nie eine kleine Spielgesellschaft mit Maulklapp und Tatzenschlag; nie ein kleiner Kaffeeklatsch von Weißen-Fuchs-Fräuleins; leer, groß und kalt war es in der Schneekönigin Sälen. Die Nordlichter flammten so genau, dass man zählen konnte, wann sie am höchsten und wann sie am niedrigsten standen. Mitten in diesem leeren unendlichen Schneesaale war ein zugefrorner See, der war in tausend Stücke zersprungen; aber jedes Stück war dem andern gleich, dass es ein vollkommenes Kunstwerk war; und mitten auf dem See saß die Schneekönigin, wenn sie zu Hause war; dann sagte sie, dass sie im Spiegel des Verstandes säße, und dass dieser der einzige und der beste in der Welt sei.

Der kleine Kay war blau vor Kälte, ja fast schwarz; aber er merkte es doch nicht, denn sie hatte ihm den Frostschauer abgeküsst, und sein Herz glich einem Eisklumpen. Er schleppte einige scharfe, flache Eisstücke hin und her, die er auf alle mögliche Weise aneinanderfügte, denn er wollte damit etwas herausbringen. Es war, als wenn wir kleine Holztafeln haben und diese in Figuren zusammenlegen, was man das chinesische Spiel nennt. Kay ging auch und legte Figuren, und zwar die künstlichsten. Das war das Eisspiel des Verstandes. In seinen Augen waren die Figuren ausgezeichnet und von der höchsten Wichtigkeit: Das machte das Glaskörnchen, welches ihm im Auge saß! Er legte vollständige Figuren, die ein geschriebenes Wort waren; aber nie konnte er es dahin bringen, das Wort zu legen, das er haben

Aus dem Wald kam auf einem prächtigen Pferde,
welches Gerda kannte, ein junges Mädchen geritten;
das war das kleine Räubermädchen.

wollte, das Wort „Ewigkeit". Die Schneekönigin hatte gesagt: „Kannst du diese Figur ausfindig machen, dann sollst du dein eigener Herr sein, und ich schenke dir die ganze Welt und ein Paar neue Schlittschuhe." Aber er konnte es nicht.

„Nun sause ich fort nach den warmen Ländern!", sagte die Schneekönigin. „Ich will hinfahren und in die schwarzen Töpfe hineinsehen!" – Das waren die Feuer speienden Berge Ätna und Vesuv, wie man sie nennt. „Ich werde sie ein wenig weiß machen! Das gehört dazu; das tut den Zitronen und Weintrauben gut!" Und die Schneekönigin flog davon, und Kay saß allein in dem viele Meilen großen, leeren Eissaale, betrachtete die Eisstücke und dachte so, dass es in ihm knackte; steif und still saß er; man hätte glauben sollen, er wäre erfroren.

Da geschah es, dass die kleine Gerda durch das große Tor in das Schloss

trat. Hier herrschten schneidende Winde, als ob sie schlafen wollten; und sie trat in die großen, leeren, kalten Säle hinein – da erblickte sie Kay; sie erkannte ihn, flog ihm um den Hals, hielt ihn so fest und rief: „Kay! Lieber kleiner Kay! Da habe ich dich endlich gefunden!"

Aber er saß still, steif und kalt – da weinte die kleine Gerda heiße Tränen, die fielen auf seine Brust; sie drangen in sein Herz, sie tauten den Eisklumpen auf und verzehrten das kleine Spiegelstück darin; er betrachtete sie, und sie sang:

„Rosen, die blüh'n und verwehen;
Wir werden das Christkindlein
sehen!"

Da brach Kay in Tränen aus: Er weinte so, dass das Spiegelkörnchen aus dem Auge schwamm; nun erkannte er sie und jubelte: „Gerda! Liebe kleine Gerda! – Wo bist du doch so lange gewesen? Und wo bin ich gewesen?" Und er blickte rings um sich her. „Wie kalt ist es hier! Wie ist es hier weit und leer!", und er klammerte sich an Gerda, und sie lachte und weinte vor Freuden; das war so herrlich, dass selbst die Eisstücke vor Freuden ringsumher tanzten, und als sie müde waren und sich niederlegten, lagen sie in den Buchstaben, von denen die Schneekönigin gesagt hatte, dass er sie ausfindig machen solle, dann wäre er sein eigener Herr, und sie wolle ihm die ganze Welt und ein Paar neue Schlittschuhe geben.

Und Gerda küsste seine Wangen, und sie wurden blühend; sie küsste seine Augen, und sie leuchteten gleich den ihrigen; sie küsste seine Hände und Füße, und er war gesund und munter. Die Schneekönigin mochte nun nach Hause kommen: Sein Freibrief stand da mit glänzenden Eisstücken geschrieben.

Und sie fassten einander bei den Händen und wanderten aus dem großen Schlosse heraus; sie sprachen von der Großmutter und von den Rosen oben auf dem Dache; und wo sie gingen, ruhten die Winde, und Sonne brach hervor; und als sie den Busch mit den roten Beeren erreichten, stand das Rentier da und wartete; es brachte noch ein anderes junges Rentier mit, dessen Euter voll war; und dieses gab den Kleinen seine warme Milch und küsste sie auf den Mund. Dann trugen sie Kay und Gerda zuerst zur Finnin, wo sie sich in der heißen Stube aufwärmten und über die Heimreise Bescheid erhielten; dann zur Lappin, welche ihnen neue Kleider genäht und ihren Schlitten instand gesetzt hatte.

Das Rentier und das Junge sprangen zur Seite und folgten bis zur Grenze des Landes; dort spross das erste Grün hervor; da nahmen sie Abschied von den Rentieren und von der Lappin. „Lebt wohl!", sagten alle. Und die ersten kleinen Vögel begannen zu zwitschern, der Wald hatte grüne Knospen, und aus ihm kam auf einem prächtigen Pferde, welches Gerda kannte – es war vor die goldene Kutsche gespannt gewesen –, ein junges Mädchen geritten, mit einer glänzend roten Mütze auf dem Kopfe und Pistolen im Halfter; das war das kleine Räubermädchen, welches es satt hatte, zu Hause zu sein, und nun erst gegen Norden und später, wenn ihr das nicht zusagte, nach einer andern Weltgegend hin wollte. Sie erkannte Gerda sogleich, und Gerda erkannte sie auch: Das war eine Freude.

„Du bist ein schöner Patron im Herumschweifen!", sagte sie zum kleinen Kay. „Ich möchte wissen, ob du verdienst, dass man deinethalben bis an das Ende der Welt läuft!"

Aber Gerda klopfte ihm die Wangen und fragte nach dem Prinzen und der Prinzessin.

„Die sind nach fremden Ländern gereist!", sagte das Räubermädchen.

„Aber die Krähe?", fragte Gerda.

„Ja, die Krähe ist tot!", erwiderte sie. „Die zahme Geliebte ist Witwe geworden und geht mit einem Endchen schwarzen wollenen Garns um das Bein; sie klagt jämmerlich, und Geschwätz ist das Ganze! – Aber erzähle mir nun, wie es dir ergangen ist, und wie du ihn erwischt hast."

Und Gerda und Kay erzählten.

„Snipp-Snapp-Snure-Pure-Basselurre!", sagte das Räubermädchen, nahm beide bei den Händen und versprach, dass, wenn sie je durch ihre Stadt kommen sollte, sie hinaufkommen wolle, sie zu besuchen. Und damit ritt sie in die weite Welt hinein. Aber Gerda und Kay gingen Hand in Hand, und wo sie gingen, war es herrlicher Frühling mit Blumen und Grün; die Kirchenglocken läuteten, und sie erkannten die hohen Türme, die große Stadt; es war die, in der sie wohnten; und sie gingen in dieselbe hinein und hin zur Türe der Großmutter, die Treppe hinauf, in die Stube hinein, wo alles wie früher auf derselben Stelle stand; und die Uhr ging: „Tick! Tack!", und die Zeiger drehten sich; aber indem sie durch die Türe gingen, bemerkten sie, dass sie erwachsene Menschen geworden waren. Die Rosen aus der Dachrinne blühten zum offenen Fenster herein, und da standen die kleinen Kinderstühle, und Kay und Gerda setzten sich ein jeder auf den seinigen und hielten einander bei den Händen; die kalte, leere Herrlichkeit bei der Schneekönigin

Die Großmutter saß und las laut aus der Bibel.
Gerda und Kay saßen da, erwachsen und doch Kinder,
Kinder im Herzen.

hatten sie wie einen schweren Traum
vergessen. Die Großmutter saß in
Gottes hellem Sonnenschein und las
laut aus der Bibel: „Werdet ihr nicht
wie die Kinder, so werdet ihr das
Reich Gottes nicht schauen!"

Und Kay und Gerda sahen einander in die Augen und verstanden auf
einmal den alten Gesang:

„Rosen, die blüh'n und verwehen:
Wir werden das Christkindlein
sehen!"

Da saßen sie beide, erwachsen und
doch Kinder, Kinder im Herzen; und
es war Sommer, warmer wohltuen-
der Sommer.

Das hässliche, junge Entlein

„Das Buch geht weg wie warme Semmeln!", stellte Andersen 1843 in einem Brief kurz nach Erscheinen seiner jüngsten Sammlung fest, in der auch dieses beliebte, herzerwärmende Märchen enthalten war. Die Ähnlichkeiten zwischen Andersens Leben und dem des hässlichen Entleins sind unübersehbar: Andersen – ein armer, ungebildeter Schlaks – wurde lange verkannt, aber dennoch berühmt. In ähnlicher Weise wird das Küken als gewöhnliches Entlein verkannt und misshandelt, bis es schließlich entdeckt, dass es zu einem wunderschönen Schwan herangewachsen ist. Andersen brauchte ein Jahr, um „Das hässliche, junge Entlein" zu schreiben; 19 Jahre später gewährte er Einblick in den Entstehungsprozess und befand die Geschichte als „am schwersten zu komponieren, vielleicht weil sie so unmittelbar autobiografisch wie keine sonst war". Aus diesem klassischen Tiermärchen stammt auch das berühmte Andersen-Zitat: „Es schadet nichts, in einem Entenhofe geboren zu sein, wenn man nur in einem Schwanenei gelegen hat!" In der Epoche, in der Andersen lebte, wandelte sich die Auffassung von künstlerischem Genie, das nun immer weniger als von Klassenzugehörigkeit abhängig angesehen wurde. Andersen gehörte einem aufregend neuen Schlag von Künstlern an, und mit diesem Märchen vermittelte er eine motivierende, Hoffnung verheißende Botschaft, die es bis heute zu einem seiner beliebtesten macht. – ND

Farblithografien von Theo van Hoytema, Niederlande, 1893

Von der Mauer bis zum Wasser herunter wuchsen
große Klettenblätter. Im tiefsten Walde saß auf ihrem Neste
eine Ente, welche ihre Jungen ausbrüten musste.

s war herrlich draußen auf dem Lande. Es war Sommer, das Korn stand gelb, der Hafer grün, das Heu war unten auf den grünen Wiesen in Schobern aufgesetzt, und der Storch ging auf seinen langen, roten Beinen und plapperte ägyptisch, denn diese Sprache hatte er von seiner Frau Mutter gelernt. Rings um die Äcker und Wiesen waren große Wälder, und mitten in den Wäldern tiefe Seen. Ja, es war wirklich herrlich draußen auf dem Lande! Mitten im Sonnenscheine lag dort ein altes Landgut, von tiefen Kanälen umgeben, und von der Mauer bis zum Wasser herunter wuchsen große Klettenblätter, die so hoch waren, dass kleine Kinder unter den höchsten aufrecht stehen konnten; es war ebenso wild darin wie im tiefsten Walde. Hier saß auf ihrem Neste eine Ente, welche ihre Jungen ausbrüten musste, aber es wurde ihr fast zu langweilig, ehe die Jungen kamen; dazu erhielt sie selten Besuch; die andern Enten schwammen lieber in den Kanälen umher, als dass sie hinaufliefen, sich unter ein Klettenblatt zu setzen, um mit ihr zu schnattern.

Endlich platzte ein Ei nach dem andern: „Piep! Piep!", sagte es, und alle Eidotter waren lebendig geworden und streckten den Kopf heraus.

„Rapp! Rapp!", sagte sie; und so rappelten sich alle, was sie konnten, und sahen nach allen Seiten unter den grünen Blättern; und die Mutter ließ sie sehen, so viel sie wollten, denn das Grüne ist gut für die Augen.

„Wie groß ist doch die Welt!", sagten alle Jungen; denn nun hatten sie freilich viel mehr Platz als wie im Ei.

Endlich platzte ein Ei nach dem andern:
„Piep! Piep!", sagte es, und alle Eidotter waren lebendig
geworden und steckten den Kopf heraus.

Endlich platzte das große Ei. „Piep! Piep!", sagte das Junge
und kroch heraus. Es war sehr groß und hässlich!

„Glaubt ihr, dass dies die ganze Welt sei?", sagte die Mutter. „Die erstreckt sich noch weit über die andere Seite des Gartens, gerade hinein in des Pfarrers Feld; aber da bin ich noch nie gewesen!" – „Ihr seid doch alle beisammen?", fuhr sie fort und stand auf. „Nein, ich habe nicht alle; das größte Ei liegt noch da; wie lange soll denn das dauern! Jetzt bin ich es bald überdrüssig!", und so setzte sie sich wieder.

„Nun, wie geht es?", sagte eine alte Ente, welche gekommen war, um ihr einen Besuch abzustatten.

„Es währt recht lange mit dem einen Ei!", sagte die Ente, die da saß. „Es will nicht platzen; doch sieh nur die andern an: Sind es nicht die niedlichsten Ent-

lein, die man je gesehen? Sie gleichen allesamt ihrem Vater; der Bösewicht kommt nicht, mich zu besuchen."

„Lass mich das Ei sehen, welches nicht platzen will!", sagte die Alte. „Glaube mir, es ist ein Kalkutten-Ei! Ich bin auch einmal so angeführt worden und hatte meine große Sorge und Not mit den Jungen, denn ihnen ist bange vor dem Wasser! Ich konnte sie nicht hineinbringen; ich rappte und schnappte, aber es half nichts. – Lass mich das Ei sehen! Ja, das ist ein Kalkutten-Ei! Lass das liegen und lehre lieber die andern Kinder schwimmen!"

Am nächsten Tage ging die Entleinmutter mit ihrer
ganzen Familie zu dem Kanale hinunter. „Rapp! rapp!", sagte sie,
und ein Entlein nach dem andern plumpste hinein.

Aber das arme Entlein, welches so hässlich aussah,
wurde gebissen, gestoßen und zum Besten gehabt,
und das sowohl von den Enten wie von den Hühnern.

„Ich will doch noch ein bisschen darauf sitzen", sagte die Ente, „habe ich nun so lange gesessen, so kann ich auch noch einige Tage sitzen."
„Nach Belieben", sagte die alte Ente und ging von dannen.
Endlich platzte das große Ei. „Piep! Piep!", sagte das Junge und kroch heraus. Es war sehr groß und hässlich! Die Ente betrachtete es: „Es ist doch ein gewaltig großes Entlein das", sagte sie, „keins von den andern sieht so aus; sollte es wohl ein kalkuttisches Küklein sein? Nun, wir wollen bald dahinterkommen; in das Wasser muss es, sollte ich es auch selbst hineinstoßen."
Am nächsten Tage war schönes, herrliches Wetter; die Sonne schien auf alle grünen Kletten. Die Entleinmutter ging mit ihrer ganzen Familie zu dem Kanale hinunter. Platsch! Da sprang sie in das Wasser. „Rapp! rapp!", sagte sie, und ein Entlein nach dem andern plumpste hinein; das Wasser schlug ihnen über dem Kopfe zusammen, aber sie kamen gleich wieder empor und schwammen ganz prächtig; die Beine gingen von selbst, und alle waren sie im Wasser; selbst das hässliche, graue Junge schwamm mit.
„Nein, es ist kein Kalkutt", sagte sie, „sieh, wie herrlich es die Beine gebraucht, wie gerade es sich hält; es ist mein eigenes Kind! Im Grunde ist es doch hübsch, wenn man es nur recht betrachtet. Rapp! Rapp! – Kommt nur mit mir, ich werde euch in die große Welt führen, euch im Entenhofe präsentieren; aber haltet euch immer nahe zu mir, damit euch niemand trete, und nehmt euch vor den Katzen in Acht!"
Und so kamen sie in den Entenhof hinein. Drinnen war ein schrecklicher Lärm, denn da waren zwei Familien, die sich um einen Aalkopf bissen, und am Ende bekam ihn doch die Katze.
„Seht, so geht es in der Welt zu!", sagte die Entleinmutter und wetzte ihren Schnabel, denn sie wollte auch den Aalkopf haben. „Braucht nun die Beine!", sagte sie. „Seht, dass ihr euch rappeln könnt, und neigt euern Hals vor der alten Ente dort; die ist die vornehmste von allen hier. Sie ist aus spanischem Geblüt, deshalb ist sie so dick, und seht ihr: Sie hat einen roten Lappen um das Bein; das ist etwas außerordentlich Schönes und die

Da lief es und flog über den Zaun;
die kleinen Vögel in den Büschen flogen
erschrocken auf.

größte Auszeichnung, welche einer Ente zuteil werden kann; das bedeutet so viel, dass man sie nicht verlieren will und dass sie von Tier und Menschen erkannt werden soll! – Rappelt euch! – Setzt die Füße nicht einwärts. Ein wohlerzogenes Entlein setzt die Füße weit auswärts, gerade wie Vater und Mutter; seht: So! Nun neigt euern Hals und sagt: ‚Rapp!'"

Und das taten sie, aber die andern Enten rings umher betrachteten sie und sagten ganz laut: „Siehe da! Nun sollen wir noch den Anhang haben; als ob wir nicht schon so genug wären! Und pfui! Wie das eine Entlein aussieht, das wollen wir nicht dulden!" – Und sogleich flog eine Ente hin und biss es in den Nacken.

„Lass es gehen!", sagte die Mutter. „Es tut ja niemandem etwas."

„Ja, aber es ist zu groß und ungewöhnlich", sagte die beißende Ente, „und deshalb muss es gepufft werden."

„Es sind hübsche Kinder, welche die Mutter hat", sagte die alte Ente mit dem Lappen um das Bein, „alle schön, bis auf das eine; das ist nicht geglückt; ich möchte, dass sie es umarbeitet."

„Das geht nicht, Ihro Gnaden", sagte die Entleinmutter; „es ist nicht hübsch, aber es hat ein innerlich gutes Gemüt und schwimmt so herrlich wie jedes andere, ja, ich darf sagen, noch etwas besser; ich denke, es wird

„Höre, Kamerad!", sagten die wilden Gänse.
„Du bist so hässlich, dass wir dich gut leiden können;
willst du mitziehen und Zugvogel werden?"

hübsch heranwachsen und mit der
Zeit etwas kleiner werden; es hat zu
lange in dem Ei gelegen und deshalb
nicht die rechte Gestalt bekommen!"
Und so zupfte sie es im Nacken und
glättete das Gefieder. „Es ist über-
dies ein Entrich", sagte sie; „und darum macht es nicht so viel aus. Ich
denke, er wird gute Kräfte bekommen; er schlägt sich schon durch."

„Die andern Entlein sind niedlich", sagte die Alte, „tut nun, als ob
ihr zu Hause wäret, und findet ihr
einen Aalkopf, so könnt ihr mir ihn
bringen."

Und nun waren sie zu Hause.

Aber das arme Entlein, welches
zuletzt aus dem Ei gekrochen war
und so hässlich aussah, wurde gebissen, gestoßen und zum Besten
gehabt, und das sowohl von den Enten wie von den Hühnern. „Es ist zu
groß!", sagten alle, und der kalkutti-
sche Hahn, welcher mit Sporen zur
Welt gekommen war und deshalb
glaubte, dass er Kaiser sei, blies sich
auf wie ein Fahrzeug mit vollen Segeln und ging auf dasselbe los; dann
kollerte er und wurde ganz rot am
Kopfe. Das arme Entlein wusste
nicht, wo es stehen oder gehen sollte;

Am Morgen bemerkte man sogleich das fremde Entlein;
und der Kater begann zu schnurren und die Henne zu glucken.
„Was ist das?", sagte die Frau.

es war betrübt, weil es hässlich aussah und vom ganzen Entenhofe verspottet wurde.

So ging es den ersten Tag, und später wurde es schlimmer und schlimmer. Das arme Entlein wurde von allen gejagt: Selbst seine Schwestern waren böse gegen dasselbe und sagten immer: „Wenn die Katze dich nur fangen möchte, du hässliches Geschöpf!" Und die Mutter sagte: „Wenn du nur weit fort wärst!" Die Enten bissen es, und die Hühner schlugen es, und das Mädchen, welches die Tiere füttern sollte, stieß mit den Füßen nach ihm.

Da lief es und flog über den Zaun; die kleinen Vögel in den Büschen flogen erschrocken auf. „Das geschieht, weil ich so hässlich bin", dachte das Entlein und schloss die Augen, lief aber gleichwohl weiter. So kam es hinaus zu dem großen Moor, wo die wilden Enten wohnten. Hier lag es die ganze Nacht; es war müde und kummervoll.

Gegen Morgen flogen die wilden Enten auf und betrachteten den neuen Kameraden. „Was bist du für einer?", fragten sie; und das Entlein wendete sich nach allen Seiten und grüßte, so gut es konnte.

„Du bist außerordentlich hässlich!", sagten die wilden Enten. „Aber das kann uns gleich sein, wenn du nur nicht in unsere Familie hineinheiratest." – Das Arme! Es dachte wahrlich nicht daran, sich zu verheiraten, wenn es nur die Erlaubnis erhalten konnte, im Schilfe zu liegen und etwas Moorwasser zu trinken.

So lag es zwei ganze Tage; da kamen zwei wilde Gänse oder richtiger: wilde Gänseriche dorthin; es war noch nicht lange her, dass sie aus dem Ei gekrochen waren, und deshalb waren sie auch so keck.

„Höre, Kamerad!", sagten sie. „Du bist so hässlich, dass wir dich gut leiden können; willst du mitziehen und Zugvogel werden? Hier nahebei in einem andern Moor gibt es einige süße, liebliche, wilde Gänse, sämtlich Fräulein, die alle ‚Rapp!' sagen können. Du bist imstande, dein Glück dort zu machen, so hässlich du auch bist!"

„Piff! Paff!", ertönte es eben, und beide wilden Gänseriche fielen tot in das Schilf nieder, und das Wasser wurde blutrot. – „Piff! Paff!", erscholl es wieder, und ganze Scharen wilder Gänse flogen aus dem Schilfe auf. Und dann knallte es abermals. Es war große Jagd; die Jäger lagen rings um das Moos herum; ja, einige saßen oben in den Baumzweigen, welche sich weit über das Schilfrohr hinstreckten. Der blaue Dampf zog gleich Wolken in die dunkeln Bäume hinein und weit über das Wasser hin; zum Moore kamen die Jagdhunde: platsch, platsch; das Schilf und das Rohr neigten sich nach allen Seiten. Das war ein Schreck für das arme Entlein! Es wendete den Kopf, um ihn unter den Flügel zu stecken, aber in demselben Augenblicke stand ein fürchterlich großer Hund dicht bei dem Entlein; die Zunge hing ihm lang aus dem Halse heraus, und die Augen leuchteten gräulich, hässlich; er streckte seine Schnauze dem Entlein gerade entgegen, zeigte ihm die scharfen Zähne und – platsch, platsch! – ging er wieder, ohne es zu packen.

„O, Gott sei Dank!", seufzte das Entlein. „Ich bin so hässlich, dass mich selbst der Hund nicht beißen mag!"

Und so lag es still, während die Schrote durch das Schilf sausten und Schuss auf Schuss knallte.

Erst spät am Tage wurde es ruhig, aber das arme Junge wagte noch nicht, sich zu erheben. Es wartete noch mehrere Stunden, bevor es sich umsah, und dann eilte es fort aus dem Moore, so schnell es konnte. Es lief über

Eines Abends – die Sonne ging so schön unter! –
kam ein Schwarm herrlicher, großer Vögel aus dem Busche,
das Entlein hatte nie so schöne gesehen.

Feld und Wiese. Da tobte ein solcher Sturm, dass es ihm schwer wurde, von der Stelle zu kommen.

Gegen Abend erreichte es eine kleine, armselige Bauernhütte; die war so baufällig, dass sie selbst nicht wusste, nach welcher Seite sie fallen sollte, und darum blieb sie stehen. Der Sturm umsauste das Entlein so, dass es sich niedersetzen musste, um sich dagegenzustemmen, und es wurde schlimmer und schlimmer. Da bemerkte es, dass die Türe aus der einen Angel gegangen war und so schief hing, dass es durch die Spalte in die Stube hineinschlüpfen konnte, und das tat es.

Hier wohnte eine Frau mit ihrem Kater und ihrer Henne. Und der Kater, welchen sie Söhnchen nannte, konnte einen Buckel machen und schnurren; er sprühte sogar Funken, aber dann musste man ihn gegen das Haar streicheln. Die Henne hatte ganz kleine, niedrige Beine, und deshalb wurde sie Küchelchen-Kurzbein genannt; sie legte gute Eier, und die Frau liebte sie wie ihr Kind.

Am Morgen bemerkte man sogleich das fremde Entlein; und der Kater begann zu schnurren und die Henne zu glucken.

„Was ist das?", sagte die Frau und sah sich ringsum; aber sie sah nicht gut, und so glaubte sie, dass das Entlein eine fette Ente sei, die sich verirrt habe. „Das ist ja ein seltener Fang!", sagte sie. „Nun kann ich Enteneier bekommen. Wenn es nur kein Entrich ist! Das müssen wir erproben."

Und so wurde das Entlein für drei Wochen auf Probe angenommen; aber es kamen keine Eier. Und der Kater war Herr im Hause, und die Henne war die Dame, und immer sagte sie: „Wir und die Welt!"

Denn sie glaubte, dass sie die Hälfte seien, und zwar die bei Weitem beste Hälfte. Das Entlein glaubte, dass man auch eine andere Meinung haben könne; aber das litt die Henne nicht.

„Kannst du Eier legen?", fragte sie.

„Nein!"

„Nun, da wirst du die Güte haben zu schweigen!"

Und der Kater sagte: „Kannst du einen krummen Buckel machen, schnurren und Funken sprühen?"

„Nein!"

„So darfst du auch keine Meinung haben, wenn vernünftige Leute sprechen!"

Und das Entlein saß im Winkel und war bei schlechter Laune; da fielen die frische Luft und der Sonnenschein herein; es bekam solche sonderbare Lust, auf dem Wasser zu schwimmen, dass es nicht unterlassen konnte, dies der Henne zu sagen.

„Was fällt dir ein?", fragte die. „Du hast nichts zu tun, deshalb fängst du Grillen! Lege Eier oder schnurre, so gehen sie vorüber."

„Aber es ist so schön, auf dem Wasser zu schwimmen!", sagte das Entlein. „So herrlich, es über dem Kopfe zusammenschlagen zu lassen und auf den Grund zu tauchen!"

„Ja, das ist ein großes Vergnügen!", sagte die Henne. „Du bist wohl verrückt geworden! Frage den Kater darnach – er ist das klügste Geschöpf, das ich kenne –, ob er es liebt, auf dem Wasser zu schwimmen oder unterzutauchen? Ich will nicht von mir sprechen. – Frage selbst unsere Herrschaft, die alte Frau; klüger als sie ist niemand auf der Welt! Glaubst du, dass die Lust hat, zu schwimmen und das Wasser über dem Kopfe zusammenschlagen zu lassen?"

„Ihr versteht mich nicht!", sagte das Entlein.

Aber was erblickte es in dem klaren Wasser? Es sah sich
selbst als Schwan. Es schadet nichts, in einem Entenhofe geboren
zu sein, wenn man nur in einem Schwanenei gelegen hat!

„Wir verstehen dich nicht? Wer soll dich denn verstehen können!
Du wirst doch wohl nicht klüger sein wollen als der Kater und die Frau
– von mir will ich nicht reden! Bilde dir nichts ein, Kind, und danke deinem Schöpfer für all' das Gute, was man dir erwiesen! Bist du nicht in
eine warme Stube gekommen und hast du nicht eine Gesellschaft, von
der du etwas profitieren kannst? Aber du bist ein Schwätzer, und es ist
nicht erfreulich, mit dir umzugehen! Mir kannst du glauben! Ich meine es
gut mit dir. Ich sage dir Unannehmlichkeiten, und daran kann man seine
wahren Freunde erkennen! Sieh nur zu, dass du Eier legst oder schnurren
und Funken sprühen lernst!“

„Ich glaube, ich gehe hinaus in die weite Welt!“, sagte das Entlein.

„Ja, tue das!“, sagte die Henne.

Und das Entlein ging; es schwamm auf dem Wasser, es tauchte unter,
aber von allen Tieren wurde es wegen seiner Hässlichkeit übersehen.

Nun trat der Herbst ein; die Blätter im Walde wurden gelb und braun;
der Wind fasste sie, sodass sie umhertanzten; und oben in der Luft war es
sehr kalt; die Wolken hingen schwer von Hagel und Schneeflocken, und
auf dem Zaune stand der Rabe und schrie „Au! Au!“ vor Kälte; ja, es fror einen schon, wenn man nur daran dachte. Das arme Entlein hatte es wahrlich nicht gut! Eines Abends – die Sonne ging so schön unter! – kam ein
Schwarm herrlicher, großer Vögel aus dem Busche, das Entlein hatte nie
so schöne gesehen; sie waren blendend weiß mit langen geschmeidigen
Hälsen: Es waren Schwäne. Sie stießen einen eigentümlichen Ton aus,
breiteten ihre prächtigen, langen Flügel aus und flogen aus der kalten Ge-
gend fort nach wärmeren Ländern, nach offenen Seen. Sie stiegen so hoch,
so hoch, und dem hässlichen, jungen Entlein wurde gar sonderbar zumute. Es drehte sich im Wasser wie ein Rad, rundherum, streckte den Hals
hoch in die Luft nach ihnen und stieß einen so lauten und sonderbaren
Schrei aus, dass es sich selbst davor fürchtete. O, es konnte die schönen,
glücklichen Vögel nicht vergessen; und sobald es sie nicht mehr erblickte,
tauchte es unter bis auf den Grund; und als es wieder heraufkam, war es

In den Garten kamen einige kleine Kinder,
die warfen Brot und Korn in das Wasser:
Und das kleinste rief: „Da ist ein neuer!"

wie außer sich. Es wusste nicht, wie die Vögel hießen, auch nicht, wohin sie flögen; aber doch war es ihnen gut, wie es nie jemandem gewesen. Es beneidete sie durchaus nicht. Wie konnte es ihm einfallen, sich solche Lieblichkeit zu wünschen? Es wäre schon froh gewesen, wenn die Enten es nur unter sich geduldet hätten – das arme, hässliche Tier!

Der Winter wurde kalt, sehr kalt! Das Entlein musste im Wasser umherschwimmen, um das völlige Zufrieren desselben zu verhindern; aber in jeder Nacht wurde das Loch, in dem es schwamm, kleiner und kleiner. Es fror so, dass es in der Eisdecke knackte; das Entlein musste fortwährend die Beine gebrauchen, damit das Loch sich nicht schloss. Zuletzt wurde es matt, lag ganz stille und fror so im Eise fest.

Des Morgens früh kam ein Bauer; da er dies sah, ging er hin, schlug mit seinem Holzschuh das Eis in Stücke und trug das Entlein heim zu seiner Frau. Da kam es wieder zu sich.

Die Kinder wollten mit ihm spielen; aber das Entlein glaubte, sie wollten ihm etwas zuleide tun, und fuhr in der Angst gerade in den Milchnapf hinein, sodass die Milch in die Stube spritzte. Die Frau schlug die Hände zusammen, worauf es in das Butterfass, dann hinunter in die Mehltonne und wieder herausflog. Wie sah es da aus! Die Frau schrie und schlug mit der Feuerzange danach; die Kinder rannten einander über den Haufen, um das Entlein zu fangen; sie lachten und schrien! – Gut war es, dass die Tür aufstand und es zwischen die Reiser in den frisch gefallenen Schnee schlüpfen konnte – da lag es ganz ermattet.

Aber all' die Not und das Elend, welche das Entlein in dem harten Winter erdulden musste, zu erzählen, würde zu trübe sein. Es lag im Moore zwischen dem Schilfe, als die Sonne wieder warm zu scheinen begann. Die Lerchen sangen; es war herrlicher Frühling.

Da konnte auf einmal das Entlein seine Flügel schwingen; sie brausten stärker als früher und trugen es kräftig davon; und ehe es dasselbe recht wusste, befand es sich in einem großen Garten, wo der Flieder duftete und seine langen, grünen Zweige bis zu den geschlängelten Kanälen hinunterneigte. O, hier war es so schön, so frühlingsfrisch! Und vorn aus dem Dickichte kamen drei prächtige, weiße Schwäne; sie brausten mit den Federn und schwammen leicht auf dem Wasser. Das Entlein kannte die prächtigen Tiere und wurde von einer eigentümlichen Traurigkeit befangen.

„Ich will zu ihnen hinfliegen, zu den königlichen Vögeln! Und sie werden mich totschlagen, weil ich, der ich so hässlich bin, mich ihnen zu nahen wage. Aber das ist einerlei! Besser von ihnen getötet als von den Enten gezwackt, von den Hühnern geschlagen, von dem Mädchen, welches den Hühnerhof hütet, gestoßen zu werden und im Winter Mangel zu leiden!" Und es flog hinaus in das Wasser und schwamm den prächtigen Schwänen entgegen; diese erblickten es und schossen mit brausenden Federn auf dasselbe los. „Tötet mich nur!", sagte das arme Tier, neigte seinen Kopf der Wasserfläche zu und erwartete den Tod. – Aber was erblickte es in dem klaren Wasser? Es sah sein eigenes Bild unter sich, das kein plumper, schwarzgrauer Vogel mehr, hässlich und garstig, sondern selbst ein Schwan war.

Es schadet nichts, in einem Entenhofe geboren zu sein, wenn man nur in einem Schwanenei gelegen hat!

*Und die alten Schwäne neigten sich vor ihm. Da fühlte er
sich ganz beschämt und steckte den Kopf unter seine Flügel;
er wusste selbst nicht, was er beginnen sollte.*

Es fühlte sich erfreut über all' die Not und das Drangsal, welche es erduldet. Nun erkannte es erst recht sein Glück an der Herrlichkeit, die es begrüßte. – Und die großen Schwäne umschwammen es und streichelten es mit den Schnäbeln.

In den Garten kamen einige kleine Kinder, die warfen Brot und Korn in das Wasser: Und das kleinste rief: „Da ist ein neuer!" Und die andern Kinder jubelten mit: „Ja, es ist ein neuer angekommen!" Und sie klatschten mit den Händen und tanzten umher, liefen zu dem Vater und der Mutter, und es wurden Brot und Kuchen in das Wasser geworfen, und sie sagten alle: „Der neue ist der schönste! So jung und prächtig!" Und die alten Schwäne neigten sich vor ihm.

Da fühlte er sich ganz beschämt und steckte den Kopf unter seine Flügel; er wusste selbst nicht, was er beginnen sollte; er war allzu glücklich, aber durchaus nicht stolz! Er dachte daran, wie er verfolgt und verhöhnt worden war, und hörte nun alle sagen, dass er der schönste aller schönen Vögel sei. Selbst der Flieder bog sich mit den Zweigen zu ihm in das Wasser hinunter, und die Sonne schien warm und mild! Da brausten seine Federn, der schlanke Hals hob sich, und aus vollem Herzen jubelte er: „So viel Glück habe ich mir nicht träumen lassen, als ich noch das hässliche Entlein war!"

Das Feuerzeug

„Du bist ein wahrer Soldat!", schmeichelt eine alte Hexe dem Kriegsheimkehrer und verlockt ihn dazu, für sie ein Zauberfeuerzeug aus einer gespenstischen unterirdischen Halle zu holen. Auf heutige Leser mag dieser beinahe 200 Jahre alte Söldner mit Tornister und Säbel altmodisch wirken, tatsächlich aber zählt er zu den literarischen Vorläufern des modernen Actionhelden. Seine dreiste Eigenmächtigkeit macht ihn zur perfekten antiautoritären Kontrastfigur. An ebendiesem eigennützigen Handeln des Soldaten, wie auch am Fehlen einer klaren moralischen Botschaft, nahmen mit kinderfreundlicher Kost rechnende Kritiker Anstoß, als dieses Märchen im Jahr 1835 erstmals erschien. Dem Märchenkundler Bengt Holbek zufolge wurde Andersen von seinem Vater ermutigt, wie der Soldat „auf sich selbst zu vertrauen und in die große weite Welt hinauszugehen, um sein Glück zu machen". Der Vater war ihm sehr liebevoll zugetan und las oft mit ihm zusammen in *Tausendundeiner Nacht*, einem Lieblingsbuch der beiden, an dessen Erzählung „Aladin und die Wunderlampe" sich hier ebenso Anklänge finden wie an ein mündlich überliefertes Märchen aus seiner Kindheit, „Der Geist in der Kerze", in dem ein Soldat sich weigert, eine Zauberkerze herauszugeben. Andersens berühmtes Märchen, das eine bunte Palette an Motiven der Volksdichtung auf neue Art zusammenbringt, wird heute als Meisterwerk gepriesen. – ND

Aquarelle und Schwarz-Weiß-Illustrationen von Heinrich Strub, Schweiz, 1956

„Siehst du den großen Baum dort?", sagte die Hexe. „Von dem musst du den Gipfel erklettern, dann erblickst du ein Loch, durch welches du dich hinablassen und tief in den Baum gelangen kannst!"

s kam ein Soldat auf der Landstraße daher marschiert: Eins, zwei! Eins, zwei! Er hatte seinen Tornister auf dem Rücken und einen Säbel an der Seite, denn er war im Kriege gewesen und wollte nun nach Hause. Da begegnete er einer alten Hexe auf der Landstraße: Die war sehr widerlich. Ihre Unterlippe hing ihr bis auf die Brust hinab. Sie sagte: „Guten Abend, Soldat! Was hast du doch für einen schönen Säbel und großen Tornister! Du bist ein wahrer Soldat! Nun sollst du so viel Geld haben, als du besitzen magst!"

„Ich danke dir, du alte Hexe!", sagte der Soldat.

„Siehst du den großen Baum dort?", sagte die Hexe und zeigte auf einen Baum, der ihnen zur Seite stand. „Er ist inwendig hohl. Von dem musst du den Gipfel erklettern, dann erblickst du ein Loch, durch welches du dich hinablassen und tief in den Baum gelangen kannst! Ich werde dir einen Strick um den Leib binden, damit ich dich wieder heraufziehen kann, wenn du mich rufst."

„Was soll ich denn da unten im Baume?", fragte der Soldat.

„Geld holen!", sagte die Hexe. „Wisse, wenn du auf den Boden unter dem Baume kommst, so bist du in einer großen Halle; da ist es hell, denn da brennen über dreihundert Lampen. Dann erblickst du drei Türen; du kannst sie öffnen, der Schlüssel steckt daran. Gehst du in die erste Kammer hinein, so siehst du mitten auf dem Fußboden eine große Kiste; auf derselben liegt ein Hund; er hat Augen so groß wie ein Paar Teetassen. Doch daran brauchst du dich nicht zu kehren! Ich gebe dir meine blau karierte Schürze, die kannst du auf dem Fußboden ausbreiten; geh dann rasch hin und nimm den Hund, setze ihn auf meine Schürze, öffne die Kiste, und nimm so viele Schillinge, als du willst. Sie sind von Kupfer. Willst du lieber Silber haben, so musst du in das nächste Zimmer hineingehen. Aber da sitzt ein Hund, der hat Augen so groß wie Mühlräder. Doch das lass dich nicht kümmern! Setze ihn auf meine Schürze, und nimm von dem Gelde. Willst du hingegen Gold haben, so kannst du es auch bekommen, und zwar so viel, als du

Da ließ sich der Soldat in das Loch hinuntergleiten und
stand dann, wie die Hexe gesagt hatte, unten in der großen Halle,
wo die vielen Hundert Lampen brannten.

SEITE **176/177** *Er ging in das andere Zimmer hinein.*
Da saß der Hund mit den Augen so groß wie Mühlräder. „Du solltest
mich lieber nicht so starr ansehen!", sagte der Soldat.

tragen magst, wenn du in die dritte Kammer hineingehst. Aber der Hund,
welcher dort auf dem Geldkasten sitzt, hat zwei Augen, jedes so groß wie
ein Turm. Glaube mir, es ist ein böser Hund! Aber deshalb fürchte dich nur
nicht! Setze ihn nur auf meine Schürze, so tut er dir nichts, und nimm aus
der Kiste so viel Gold, als du willst!"

„Das ist so übel nicht!", sagte der Soldat. „Aber was soll ich dir geben, du
alte Hexe, denn umsonst wirst du es wohl nicht tun?"

„Doch!", sagte die Hexe. „Nicht einen einzigen Schilling will ich haben!
Für mich sollst du nur ein altes Feuerzeug nehmen, welches meine Großmutter vergaß, als sie das letzte Mal unten war."

„Nun, so binde mir den Strick um den Leib!", sagte der Soldat.

„Hier ist er", sagte die Hexe, „und hier ist meine blau karierte Schürze."

Da kletterte der Soldat auf den Baum hinauf, ließ sich in das Loch hinuntergleiten und stand dann, wie die Hexe gesagt hatte, unten in der großen Halle, wo die vielen Hundert Lampen brannten. Nun öffnete er die
erste Tür. Uh! Da saß der Hund mit den Augen so groß wie Teetassen und
glotzte ihn an.

„Du bist ein netter Kerl!", sagte der Soldat, setzte ihn auf die Schürze der
Hexe und nahm so viele Kupferschillinge, als seine Taschen fassen konnten,
schloss dann die Kiste, setzte den Hund wieder darauf und ging in das andere Zimmer hinein. Richtig! Da saß der Hund mit den Augen so groß wie
Mühlräder.

„Du solltest mich lieber nicht so starr ansehen!", sagte der Soldat. „Deine
Augen könnten dir übergehen!" Und dann setzte er den Hund auf die Schürze der Hexe. Aber als er all das Silbergeld in der Kiste erblickte, warf er all
das Kupfergeld, was er hatte, fort und füllte sich die Taschen und den Tornister nur mit Silber. Dann ging er in die dritte Kammer. – Nein, das war
hässlich! Der Hund darin hatte wirklich zwei Augen, jedes so groß wie ein
Turm, die drehten sich im Kopfe gerade wie Räder.

„Guten Abend!", sagte der Soldat und griff an die Mütze, denn einen
solchen Hund hatte er früher nie gesehen. Als er ihn aber etwas genauer

betrachtet hatte, dachte er, nun ist es genug, hob ihn auf die Diele herunter und machte die Kiste auf. Gott! Was war da für eine Menge Gold! Er konnte dafür die ganze Stadt und die Zuckerferkel der Kuchenfrauen, alle Zinnsoldaten, Peitschen und Schaukelpferde in der ganzen Welt kaufen. Ja, das war einmal viel Gold! Nun warf der Soldat alles Silbergeld, womit er Taschen und Tornister gefüllt hatte, fort und nahm dafür Gold; ja, alle Taschen, der Tornister, die Mütze und die Stiefel wurden gefüllt, sodass er kaum gehen konnte. Nun hatte er Geld! Den Hund setzte er auf die Kiste, schlug die Tür zu und rief dann durch den Baum hinauf:

„Zieh mich jetzt in die Höhe, du alte Hexe!"

„Hast du auch das Feuerzeug?", fragte die Hexe.

„Donnerwetter!", sagte der Soldat. „Das hätte ich rein vergessen!" Und dann ging er und holte es. Die Hexe zog ihn herauf, und da stand er wieder auf der Landstraße mit Taschen, Stiefeln, Tornister und Mütze voll Gold.

„Was willst du mit dem Feuerzeuge machen?", fragte der Soldat.

„Das geht dich nichts an!", sagte die Hexe. „Du hast ja Geld bekommen! Gib mir nur das Feuerzeug!"

„Ach was!", sagte der Soldat. „Wirst du mir gleich sagen, was du damit machen willst, oder ich ziehe meinen Säbel und schlage dir den Kopf ab!"

„Nein!", sagte die Hexe.

Gleich schlug der Soldat ihr den Kopf ab. Da lag sie! Er aber band all sein Gold in ihre Schürze, nahm es wie ein Bündel auf seinen Rücken, steckte das Feuerzeug in die Tasche und ging geraden Wegs nach der Stadt. Das

„Schaffe mir etwas Geld!", sagte er zum Hunde, und wipps!,
war der Hund fort, wipps!, war er wieder da und hielt
einen großen Beutel voll Schillinge in seiner Schnauze.

war eine prächtige Stadt! Und in dem prachtvollsten Wirtshause kehrte er
ein, verlangte die allerbesten Zimmer und seine Lieblingsspeisen; denn nun
war er ja reich, da er so viel Geld hatte. Dem Diener, welcher seine Stiefel
putzen sollte, kam es freilich vor, als wären es recht wunderbar alte Stiefel
für so einen reichen Herrn. Aber er hatte sich noch keine neuen gekauft; am
nächsten Tage bekam er anständige Stiefel und schöne Kleider. Nun war er
aus einem Soldaten ein vornehmer Herr geworden, und die Leute erzählten
ihm von all den Herrlichkeiten, die in ihrer Stadt wären, und von ihrem Könige, und was für eine niedliche Prinzessin seine Tochter sei.

„Wo kann man sie zu sehen bekommen?", fragte der Soldat.

„Sie ist gar nicht zu Gesicht zu bekommen!", sagten alle. „Sie wohnt in
einem großen kupfernen Schlosse, von vielen Mauern und Türmen umgeben! Niemand außer dem Könige darf bei ihr ein- und ausgehen, denn es ist
prophezeiet, dass sie an einen gemeinen Soldaten verheiratet wird, und das
kann der König nicht zugeben!"

„Die möchte ich wohl sehen!", dachte der Soldat; aber dazu konnte er ja
durchaus keine Erlaubnis erhalten!

Nun lebte er recht lustig, besuchte das Theater, fuhr in des Königs Garten
und gab den Armen viel Geld; und das war hübsch von ihm; er wusste noch
von früheren Zeiten her, wie schlimm es ist, nicht einen Schilling zu besitzen! Er war nun reich, hatte schöne Kleider und bekam sehr viele Freunde,
die alle sagten, er sei ein vortrefflicher Mensch, ein wahrer Kavalier. Und
das hatte der Soldat gern. Aber da er jeden Tag Geld ausgab und nie etwas
einnahm, so blieben ihm zuletzt nicht mehr als zwei Schillinge übrig, und
er musste die schönen Zimmer verlassen, worin er gewohnt hatte, und oben
in einer kleinen Kammer unter dem Dache wohnen, seine Stiefel sich selbst
putzen und sie mit einer Stopfnadel zusammennähen. Keiner seiner Freunde kam zu ihm, denn es waren zu viele Treppen hinaufzusteigen. Es war ein
dunkler Abend, und er konnte sich nicht einmal ein Licht kaufen. Aber es
fiel ihm ein, dass ein kleines Endchen Licht in dem Feuerzeuge liege, welches er aus dem hohlen Baume, in den die Hexe ihm hinuntergeholfen,

SEITE 180/181 *Doch als es Morgen wurde und der König und die Königin Tee tranken, sagte die Prinzessin, sie hätte in der vorigen Nacht einen sonderbaren Traum von einem Hunde und einem Soldaten gehabt; und der Soldat hätte sie geküsst.*

genommen hatte. Er suchte das Feuerzeug und das Lichtendchen hervor; aber gerade indem er Feuer anmachte und die Flamme aus dem Feuerzeuge aufschlug, sprang die Tür auf, und der Hund, welcher Augen so groß wie ein Paar Teetassen hatte und den er unter dem Baume gesehen, stand vor ihm und sagte: „Was befiehlt mein Herr?"

„Was ist das?", fragte der Soldat. „Das ist ja ein lustiges Feuerzeug, wenn ich so bekommen kann, was ich haben will! Schaffe mir etwas Geld!", sagte er zum Hunde, und wipps!, war der Hund fort, wipps!, war er wieder da und hielt einen großen Beutel voll Schillinge in seiner Schnauze.

Nun wusste der Soldat, was für ein prächtiges Feuerzeug das war! Strich er einmal daran, so kam der Hund, der auf der Kiste mit Kupfergeld saß; strich er zweimal, so kam der, welcher das Silbergeld hatte, und strich er dreimal, so kam der, welcher das Gold bewachte. Jetzt zog der Soldat wieder in die schönen Zimmer hinunter und erschien von Neuem in schönen Kleidern. Da erkannten ihn gleich alle seine Freunde wieder und hielten sehr viel auf ihn.

Da dachte er einst: Es ist doch etwas Sonderbares, dass man die Prinzessin nicht zu sehen bekommen kann. Sie soll sehr schön sein, sagen alle; aber was hilft das, wenn sie immer in dem großen Kupferschlosse mit den vielen Türmen sitzen muss! – Kann ich sie denn gar nicht zu sehen bekommen? – Wo ist nur mein Feuerzeug? Und so strich er Feuer an, und wipps!, da kam der Hund mit den Augen so groß als Teetassen.

„Es ist freilich mitten in der Nacht", sagte der Soldat, „aber ich möchte gern die Prinzessin nur einen Augenblick sehen!"

Der Hund war gleich aus der Tür, und ehe der Soldat sich's versah, kam er mit der Prinzessin wieder. Sie saß und schlief auf dem Rücken des Hundes und war so lieblich, dass ein jeder sehen konnte, dass sie wirklich eine Prinzessin war. Der Soldat konnte es durchaus nicht unterlassen, sie zu küssen, denn er war ganz und gar Soldat. Darauf lief der Hund mit der Prinzessin wieder zurück. Doch als es Morgen wurde und der König und die Königin Tee tranken, sagte die Prinzessin, sie hätte in der vorigen Nacht einen sonderbaren Traum von einem Hunde und einem Soldaten gehabt;

„Ich will nicht!", sagte der König, aber der
größte Hund nahm sowohl ihn wie die Königin
und warf sie den andern nach.

sie wäre auf dem Hunde geritten, und der Soldat hätte
sie geküsst.

„Das wäre wahrlich eine schöne Geschichte!", sagte die
Königin.

Nun sollte in der nächsten Nacht eine der alten Hofdamen am Bette der Prinzessin wachen, um zu sehen, ob
es wirklich ein Traum sei, oder was es sonst sein möchte.
Der Soldat hatte eine außerordentliche Sehnsucht, die
Prinzessin wiederzusehen, und so kam denn der Hund in
der Nacht, holte sie und lief so schnell, wie er konnte.
Aber die alte Hofdame zog Wasserstiefel an und lief ebenso schnell hinterher. Als sie nun sah, dass sie in einem
großen Hause verschwanden, dachte sie, nun weiß ich,
wo es ist, und machte mit einem Stück Kreide ein großes Kreuz an die Türe. Dann ging sie nach Hause und
legte sich nieder, und der Hund kam auch mit der Prinzessin wieder. Aber als er sah, dass ein Kreuz an die Türe
des Hauses, wo der Soldat wohnte, gemacht war, nahm er
auch ein Stück Kreide und machte Kreuze an alle Haus-
türen in der Stadt, und das war klug getan, denn nun konnte
ja die Hofdame die richtige Tür nicht finden, da an allen Türen
Kreuze waren. Früh- morgens kamen der König
und die Köni- gin, die alte Hofdame und
alle Offi- ziere, um zu sehen, wo die
Prinzessin gewesen war.

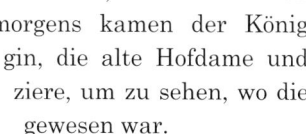

Dann setzten sie den Soldaten in des Königs Kutsche,
die drei Hunde tanzten voran, und die Prinzessin kam
aus dem kupfernen Schlosse und wurde Königin.

„Da ist es!", sagte der König, als er die erste Tür mit einem Kreuz daran
erblickte.

„Nein, dort ist es, mein lieber Mann!", sagte die Königin, als sie die zweite
Tür ebenfalls mit einem Kreuze sah.

„Aber da ist eins, und dort ist eins!", sagten alle; wohin sie blickten, war
ein Kreuz an den Türen. Da begriffen sie denn wohl, dass ihnen das Suchen nichts helfen würde. Aber die Königin war eine äußerst kluge Frau, die
mehr konnte als in einer Kutsche fahren. Sie nahm ihre große goldene Schere, schnitt ein Stück Seidenzeug in Stücke und nähte daraus einen kleinen
niedlichen Beutel; den füllte sie mit feiner Buchweizengrütze und band ihn
der Prinzessin auf den Rücken, und als das getan war, schnitt sie ein kleines
Loch in den Beutel, sodass die Grütze den ganzen Weg bestreuen musste,
den die Prinzessin nahm. In der Nacht kam nun der Hund wieder, nahm die
Prinzessin auf den Rücken und lief mit ihr zum Soldaten hin, der sie sehr
lieb hatte und gern ein Prinz hätte sein mögen, um sie zur Frau bekommen
zu können. Der Hund merkte durchaus nicht, wie die Grütze gerade vom
Schlosse bis zu dem Fenster des Soldaten, wo er die Mauer mit der Prinzessin hinauflief, sich ausstreute. Am Morgen sah der König und die Königin
nun wohl, wo ihre Tochter gewesen war, und da nahmen sie den Soldaten
und setzten ihn ins Gefängnis. Da saß er nun. Hu, wie dunkel und langweilig war es dort! Und sie sagten ihm: „Morgen wirst du gehängt werden." Das
zu hören war eben nicht belustigend, und sein Feuerzeug hatte er im Gast-
hofe gelassen. Am Morgen konnte er durch das Eisengitter vor dem kleinen
Fenster sehen, wie sich das Volk beeilte, aus der Stadt zu kommen, um ihn
hängen zu sehen. Er hörte die Trommeln und sah die Soldaten marschieren.
Alle Menschen liefen hinaus; darunter war auch ein Schuhmacherjunge mit
Schurzfell und Pantoffeln; der lief so im Galopp, dass ihm ein Pantoffel von
einem Fuße ab- und gerade gegen die Mauer anflog, wo der Soldat saß und
durch das Eisengitter hinausguckte.

„Ei, du Schuhmacherjunge! Du brauchst nicht solche Eile zu haben!", sagte der Soldat zu ihm. „Es geht doch nicht an, bevor ich da bin! Aber willst

du hinlaufen, wo ich gewohnt habe, und mir mein Feuerzeug holen, so will ich dir vier Schillinge geben. Aber du musst die Beine in die Hand nehmen!'" Der Schuhmacherjunge wollte gern die vier Schillinge verdienen und holte das Feuerzeug, gab es dem Soldaten, und – ja nun, wir werden hören!

Außerhalb der Stadt war ein großer Galgen gebaut, rings herum standen die Soldaten und viele Hunderttausend Menschen. Der König und die Königin saßen auf einem prächtigen Throne den Richtern und dem ganzen Rate gegenüber. Der Soldat stand schon oben auf der Leiter; aber als sie ihm den Strick um den Hals legen wollten, sagte er, dass man ja immer einem armen Sünder, bevor er seine Strafe erleide, die Erfüllung eines unschuldigen Wunsches gewähre. Er möchte so gern eine Pfeife Tabak rauchen; es wäre ja die letzte Pfeife in dieser Welt.

Das wollte der König ihm denn auch nicht verwehren, und so nahm der Soldat sein Feuerzeug und schlug Feuer an, eins, zwei, drei. Und siehe, da standen plötzlich alle drei Hunde; der mit den Augen so groß wie Teetassen, der mit den Augen so groß wie Mühlräder und der, dem jedes Auge so groß wie ein Turm war.

„Helft mir nun, dass ich nicht gehängt werde!", sagte der Soldat. Und da fielen die Hunde über den Richter und den ganzen Rat her, nahmen den einen bei den Beinen und den andern bei der Nase und warfen sie viele Klafter hoch in die Luft, sodass sie niederfielen und in lauter Stücke zersprangen.

„Ich will nicht!", sagte der König, aber der größte Hund nahm sowohl ihn wie die Königin und warf sie den andern nach; da erschraken die Soldaten, und alles Volk rief: „Guter Soldat, du sollst unser König sein und die schöne Prinzessin haben!"

Dann setzten sie den Soldaten in des Königs Kutsche, und die drei Hunde tanzten voran und riefen: „Hurra!" Und Knaben pfiffen auf den Fingern, und die Soldaten präsentierten das Gewehr. Die Prinzessin kam aus dem kupfernen Schlosse und wurde Königin, und das gefiel ihr wohl. Die Hochzeit währte acht Tage, und die Hunde saßen mit bei Tische und machten große Augen.

Bildnachweise nach Quellen

©**Laura Barrett**, London (Artdirection von Noel Daniel): 26–27, 30, 85, 88, 92, 95, 99, 102–103, 151, 171
The Collection of Kendra and Allan Daniel; Fotografien von Gavin Ashworth: 190
©**Evangelische Kirchengemeinde Dettenhausen**, Dettenhausen, Deutschland: 52, 63, 65, 72
Hans Christian Andersen Museum, Odense, Dänemark: 19 oben links und oben rechts
The Hans Christian Andersen Museum, Solvang, Kalifornien: 2, 8 oben links und oben rechts
©**1981 NordSüd Verlag AG**, CH-8005, Zürich, Schweiz; *Die kleine Seejungfrau*, Illustrationen von Josef Paleček: 51, 55–60, 66–71, 75–83
©**Okaya City**, Präfektur Nagano, Japan: 16
©**Penguin Group (USA) Inc.**, *The Snow Queen* von Hans Christian Andersen, illustriert von K. Beverley und E. Ellender, ©1929 E.P. Dutton & Co., Inc., erneuert ©1957 E.P. Dutton & Co., Inc. Verwendet mit freundlicher Genehmigung von Dutton Children's Books, Teil der Penguin Group (USA) Inc.: 11, 105–149
Princeton University Library, Cotsen Children's Library, Department of Rare Books and Special Collections: 33–47
©**Tom Seidmann-Freud**: Umschlagvorderseite, 21, 28–29
©**Heinrich Strub**: 173–185

Wenn nicht spezifiziert, stammen die verbleibenden Abbildungen aus privaten Sammlungen.

„Des Kaisers neue Kleider" – Illustration von Heinrich Lefler und Joseph Urban für den Andersen-Kalender, 1911.

Bildnachweise nach Künstlern

HCA Hans Christian Andersen: 19 oben links und oben rechts
LB Laura Barrett (Artdirection von Noel Daniel): 26–27, 30, 85, 88, 92, 95, 99, 102–103, 151, 171
JB Johanna Beckmann: 31, 150
KB Katharine Beverley: 11, 105–149
EVB Eleanor Vere Boyle: 2, 8 oben links
HC Harry Clarke: 87, 91
EE Elizabeth Ellender: 11, 105–149
JH Jennie Harbour: 22
HL Heinrich Lefler: 189
GIN Georgi Iwanowitsch Narbut: 33–47
KN Kay Nielsen: 4, 6, 8 oben rechts, 13, 24 (Detail), 97, 100, 190
JP Josef Paleček: 51, 55–60, 66–71, 75–83
AR Arthur Rackham: 1, 48 (bearbeitet), 49 (Detail), 84
KR Käthe Reine: 94, 170
LR Lotte Reiniger: 52, 63, 65, 72
TSF Tom Seidmann-Freud: Umschlagvorderseite, 21, 28–29
HS Heinrich Strub: 173–185
TT Takeo Takei: 16
JU Joseph Urban: 189
TVH Theo van Hoytema: 14, 152–169

Nachweise zu den Silhouetten nach Seiten
Siehe oben für die Abkürzungen der Künstlernamen.

Seite **1**: AR. *Einleitung*: **19 oben links und oben rechts**: HCA. *Die Märchen*: **24**: KN. *Die Prinzessin auf der Erbse*: **26–27**: LB. *Die Nachtigall*: **30**: LB. **31**: JB. **33–47**: GIN. *Die kleine Seejungfer*: **48–49**: AR. **52, 63, 65, 72**: LR. *Des Kaisers neue Kleider*: **84**: AR. **85, 88, 92**: LB. *Der standhafte Zinnsoldat*: **94**: KR. **95, 99**: LB. *Die Schneekönigin*: **102–103**: LB. *Das hässliche, junge Entlein*: **150**: JB. **151**: LB. *Das Feuerzeug*: **170**: KR. **171**: LB. *Impressum*: **192**: KB, EE.

Über die Herausgeberin
Noel Daniel studierte nach ihrem Abschluss an der Universität von Princeton als Fulbright-Stipendiatin in Berlin. Nach einem Masterstudium in London leitete sie zunächst eine Galerie für Fotografie, ehe sie ihre Arbeit als Herausgeberin aufnahm. Zu ihren bislang erschienenen TASCHEN-Publikationen zählen *Das Wintermärchenbuch, Die Märchen von Hans Christian Andersen, Die Märchen der Brüder Grimm, Magic, 1400s–1950s* und *The Circus, 1870–1950*.

Dank
Allen voran möchte ich meinem Mann Andy Disl danken, der mir als TASCHEN-Artdirector und für dieses Buch verantwortlicher Grafikdesigner mit Langmut, Gelassenheit und Humor zur Seite stand und die einmalige Fähigkeit hat, die bestmögliche grafische Umsetzung einer Idee ausfindig zu machen. Mein besonderer Dank gilt dem Verleger Benedikt Taschen, der mich bestärkt und dieses Projekt großzügig unterstützt hat.

Ausdrücklich danken möchte ich auch der Illustratorin Laura Barrett, mit der zusammenzuarbeiten eine Freude ist und deren Einsatz und Professionalität ein Segen für dieses Projekt waren. Außerdem danke ich Mallory Farrugia für ihre exzellente redaktionelle Unterstützung und Jessica Hoffmann für das gute Lektorat meiner Texte.

Dank auch an Gavin Ashworth, Kendra und Allan Daniel, Evangelische Kirchengemeinde Dettenhausen, Heinrich Strub.

Für unseren Sohn, Cyrus Daniel-Disl

„Die Schneekönigin" – Illustration von Kay Nielsen, aus Hans Christian Andersen's Fairy Tales, *1924.*

TASCHEN ARBEITET KLIMANEUTRAL.
Unseren jährlichen Ausstoß an Kohlenstoffdioxid kompensieren wir mit Emissionszertifikaten des Instituto Terra, einem Regenwaldaufforstungsprogramm im brasilianischen Minas Gerais, gegründet von Lélia und Sebastião Salgado. Mehr über diese ökologische Partnerschaft erfahren Sie unter: www.taschen.com/zerocarbon
Inspiration: grenzenlos. CO$_2$-Bilanz: null.

Stets gut informiert sein: Fordern Sie bitte unser Magazin an unter www.taschen.com/magazine, folgen Sie uns auf Instagram und Facebook oder schreiben Sie an contact@taschen.com.

© 2023 TASCHEN GmbH
Hohenzollernring 53, D–50672 Köln
www.taschen.com

Die Märchentexte sind den Übersetzungen von Georg Friedrich von Jennsen-Tusch (1789–ca.1865) entnommen, den einzigen deutschen Ausgaben, die Hans Christian Andersen selbst durchgesehen und mit herausgegeben hat.

Umschlaggestaltung von Andy Disl auf der Grundlage einer Illustration von Tom Seidmann-Freud für „Die Prinzessin auf der Erbse", 1921 (© Tom Seidmann-Freud Estate).

Originalausgabe: © 2013 TASCHEN GmbH

Deutsche Übersetzung des Vorworts, der Einleitungen und des Anhangs: Julia Heller, München

Printed in Slovakia
ISBN 978-3-8365-4835-9